Mateus

Dados Internacionais de Catalogação na Publicação (CIP)
(Câmara Brasileira do Livro, SP, Brasil)

Oliveira, Enio Marcos de
　　Mateus : parábolas de amor infinito / Enio Marcos de Oliveira. –
Petrópolis, RJ : Vozes, 2022.

　　ISBN 978-65-5713-492-4
　　1. Bíblia. N.T. Mateus – Comentários I. Título.

21-87470   CDD-226.207

Índices para catálogo sistemático:
1. Evangelho de Mateus : Comentários   226.207
2. Mateus : Evangelho : Comentários   226.207

Cibele Maria Dias – Bibliotecária – CRB-8/9427

Pe. Enio Marcos de Oliveira

Mateus

Parábolas de amor infinito

EDITORA VOZES

Petrópolis

© 2022, Editora Vozes Ltda.
Rua Frei Luís, 100
25689-900 Petrópolis, RJ
www.vozes.com.br
Brasil

Todos os direitos reservados. Nenhuma parte desta obra poderá ser reproduzida ou transmitida por qualquer forma e/ou quaisquer meios (eletrônico ou mecânico, incluindo fotocópia e gravação) ou arquivada em qualquer sistema ou banco de dados sem permissão escrita da editora.

CONSELHO EDITORIAL

Diretor
Gilberto Gonçalves Garcia

Editores
Aline dos Santos Carneiro
Edrian Josué Pasini
Marilac Loraine Oleniki
Welder Lancieri Marchini

Conselheiros
Francisco Morás
Ludovico Garmus
Teobaldo Heidemann
Volney J. Berkenbrock

Secretário executivo
Leonardo A.R.T. dos Santos

Editoração: Fernando Sergio Olivetti da Rocha
Diagramação: Sheilandre Desenv. Gráfico
Revisão gráfica: Alessandra Karl
Capa: Ygor Moretti

ISBN 978-65-5713-492-4

Este livro foi composto e impresso pela Editora Vozes Ltda.

Dedicatória e agradecimento

Dedico esta obra a Huma e a todos os que em tempos de pandemia sacrificam suas vidas cuidando de vidas irmãs.

A todos os que fazem parte da minha vida, alguns já se tornaram céu como meu pai, minha irmã Ana Maria e meu amigo Padre Antônio José Gabriel.

A todos os meus sobrinhos e sobrinhas e aos filhos e filhas de meus sobrinhos e sobrinhas, eles enchem minha vida de esperança.

Dedico ao clero de Leopoldina nas pessoas de seu bispo Dom Edson Oriolo, Padre Geraldo Chaves e de Monsenhor Alexandre.

A todos os grupos que acolhem diariamente a mensagem "Deus ama você, Deus ama em você" e aos seguidores do podcast *Deus ama em você*.

Minha gratidão à Pergeanne, minha secretária, pela preciosa colaboração e acolhida dos textos.

Ao Padre Geraldo Arcari, do clero de Brasília, que tanto me motiva na minha busca da espiritualidade a partir do Evangelho.

À família OFM do Brasil e em especial à Província São Francisco de Assis do Rio Grande do Sul, com quem tive a alegria de partilhar um retiro espiritual conversando com São Francisco e o sultão.

A um grupo de leigos queridos de São Paulo que tem me acompanhado e com quem também tive a alegria de partilhar um retiro espiritual buscando com Jesus e Martim Buber o caminho do homem.

Aos amigos Luciano Garcia de Moraes, Padre Silas Geraldo pela leitura atenta e as colaborações preciosas.

À amiga Roberta Baffa pela leitura e correção carinhosa dos textos.

À comunidade paroquial de Rodeiro pelo carinho de todos os dias.

Gratidão a todos os meus leitores que fazem comigo o caminho de Mateus.

Gratidão a Deus o Misericordioso e Misericordiador que me permitiu a ousadia de falar do seu amor, embora eu seja tão indigno dele.

Apresentação

O Pe. Enio Marcos de Oliveira, do clero da Diocese de Leopoldina-MG, presenteia-nos com mais uma importante publicação, fruto de suas pesquisas e do zelo com que exerce o ministério paroquial. A iniciativa louvável enriquece nosso melhor entendimento sobre o Evangelho segundo São Mateus, conduzindo-nos à experiência de Deus através da meditação dos mistérios de Jesus.

O Evangelho segundo São Mateus é peculiar no quadro dos sinóticos. Segundo Orígenes, foi o primeiro Evangelho a ser escrito. Era o mais lido e comentado nas assembleias fraternas e liturgias no início da Igreja, também por ser o que mais menciona passagens do primeiro testamento.

A obra que temos em mãos denota grande sensibilidade do autor em apresentar aspectos específicos deste evangelho com uma proposta de caminho meditativo e oracional. A busca da santidade, alicerçada na *lectio divina*, é uma constante recomendação dos pastores da Igreja.

Pe. Enio, de modo suave e perspicaz, realça detalhes, reações, controvérsias e conflitos do cotidiano de Jesus, numa hermenêutica encarnada, com comentários voltados para uma mística de *pés no chão*.

Aos leitores, afirmo que, para proveito desta obra, devemos usar a **mente** (*meditar com atenção os textos bíblicos apresentado pelo autor*), **o coração** (*saborear/ruminar com* *amor as reflexões místicas propostas*) e os **joelhos** (*concluindo as reflexões com a oração, que é o fim último da iniciativa*).

Parabéns, caríssimo Pe. Enio, pelo seu trabalho evangelizador em nossa Igreja Particular de Leopoldina, e pela dedicação em abrir novos horizontes para a espiritualidade que alimenta a caminhada do povo, que é Igreja.

Dom Edson Oriolo
Bispo Diocesano de Leopoldina

Prefácio

Há algum tempo comecei a acordar de madrugada para rezar por uma pessoa, a oração acabou virando uma pequena mensagem que eu concluo sempre com a frase "Deus ama você, Deus ama em você".

Comecei a enviar a mensagem diariamente para um grupo de amigos do WhatsApp e, de repente, um grupo virou dois e viraram três, e começaram então a criar novos grupos e hoje conseguimos atingir inúmeras pessoas, expandimos a transmissão das mensagens por meio do podcast *Deus ama em você*, sempre rezando umas pelas outras, trazendo suas alegrias e tristezas para a oração e a intimidade com Deus.

Já publiquei pela Editora Vozes outros livros. *As orações dos Franciscos* que nasceu no momento de uma confissão no convento de São Francisco da Vinha, Veneza, Itália. Texto gerado quando fazia ali uma parte do meu doutorado. Depois, de volta ao Brasil, dei prosseguimento a um sonho antigo de escrever sobre o Evangelho de Lucas e nasceu *Lucas – Luz de amor infinito;* este livro que nasce agora é uma maneira de prosseguir a espiritualidade dos evangelhos iniciada com Lucas, depois nasceu *Rezando a saudade*, fruto da oração com muitas pessoas que entregam a Deus seus entes queridos, uma prece de ressurreição de todos aqueles que amamos e que se tornaram céu. O quarto filho, *Crer no Deus do amor*, nasceu das experiências de oração e dos sinais maravilhosos de Deus na vida de tantas pessoas que me acompanham ao longo do meu ministério.

Agora quero rezar o Evangelho de Mateus com todos os que se fazem presentes na minha vida, pessoas que, mesmo sem saber, deixam marcas de Deus em nós. Eu trago no meu coração muitas marcas de Deus, uma das mais singelas é Padre Marco Túlio da Paz, sacerdote da arquidiocese de Mariana que trabalhou na minha paróquia de origem (Nossa Senhora do Rosário, em Rio Pomba) nos últimos anos de minha formação e assumiu com todo carinho a organização de minha ordenação sacerdotal, em um momento muito delicado em sua vida enfrentando um infarto.

Padre Marco Túlio me ensinou a generosidade e a alegria do ministério, cuidou de um padre idoso (Monsenhor Ferreira) com todo carinho, amor e reverência, um homem da paz que sabe sonhar os sonhos de Deus.

A ele a alegria deste livro.

Sumário

Uma estrela de cinco pontas, 13

Os sonhos de Mateus, 16

A noite mais fria gerou a luz do mundo, 21

Batismo, deserto e convite ao anúncio do Reino, 27

Primeira ponta da estrela: o Sermão da Montanha, 31

Uma casa a ser construída, 36

Praticando a lei: descendo da montanha, 40

Eu quero misericórdia, e não sacrifício, 44

Segunda ponta da estrela: o discurso missionário, 53

Decidir-se pelo Reino, 58

Terceira ponta da estrela: as parábolas do Reino, 65

O joio e o trigo, 70

Ainda contando histórias, 75

Os dois banquetes, as duas festas, 82

Um amor que se estende ao infinito, 87

As muitas pedras do caminho, 93

A transfiguração de todas as coisas, 99

Quarta ponta da estrela: o discurso eclesiológico, 105

Ensina-nos o amor, 113

O tempo do vinho, 118

Entrada em Jerusalém, 124

A festa, a veste, a imagem e a vida, 130

Ai de vós, 136

Quinta ponta da estrela: o sermão escatológico, 141

Jerusalém que mata seus profetas, 148

O oitavo dia – o fazer novas todas as coisas, 154

Uma estrela de cinco pontas[1]

Amado leitor e amada leitora, estamos para começar um caminho juntos com Mateus, o evangelista, um daqueles quatro cavaleiros que se aventuraram em escrever os relatos acerca da vida, morte e ressurreição de Jesus de Nazaré. Mateus apresenta-nos uma bela obra, uma estrela de cinco pontas, que nos mostra o céu inteiro. Assim, ele intercalou, entre o prólogo de seu evangelho e a narrativa da paixão, morte e ressurreição de Jesus, cinco discursos do mestre; e acompanhar estes discursos recheados de parábolas iluminadas deve ser para nós um caminho de alegria que nos aponta o mesmo céu onde brilha a estrela. Um caminho que eu convido você a fazer comigo numa espécie de peregrinação da alma e do coração.

Ele começa seu evangelho com os dizeres do Anjo Gabriel a São José dizendo que Jesus é o Emanuel, o Deus que está conosco desde todo tempo, e termina o evangelho com a mesma proposta, dizendo aos discípulos pelos lábios de Jesus: "eu estarei convosco todos os dias até o fim dos tempos". Assim, Mateus, no seu evangelho, nos ensina que nunca neste mundo estamos sozinhos, porque o céu nos visitou em Jesus

---

1 A estrela de Davi é uma estrela de seis pontas, por isso usei a imagem da estrela; porém a estrela de Mateus apresentada aqui, nesta obra, tem as cinco pontas que são os cinco discursos de Jesus que perfazem o evangelho que agora estamos rezando.

e está sempre presente em nós quando somos capazes de amar e deixar passar por nós o amor de Deus.

Entre o anúncio do Emanuel, Deus Conosco, e a despedida de Jesus, estarei "convosco todos os dias até o fim do mundo", Mateus intercala os cinco discursos que orientam a nossa fé.

Jesus começa o seu ministério depois de enfrentar o deserto e o diabo; então voltou para a Galileia e ali, às margens do mar jardim, convocou seus discípulos para que abraçassem com Ele o projeto de anunciar o Reino dos Céus – o senhorio de Deus na vida dos homens e das mulheres de todos os tempos – e alguns aceitaram a façanha de viver e aprender com Ele sobre o Reino.

Depois de ter escolhido os doze, Jesus subiu à montanha e fez seu primeiro discurso para ensinar àqueles que Ele havia convidado sobre a Lei que deve orientar toda vida, capítulos 5 a 7 do evangelho, no texto que muitos chamam de Sermão da Montanha.

Os discípulos entenderam o sermão, aceitaram o desafio e então Jesus os enviou para que pregassem o Reino pelo mundo; fez então o segundo discurso, chamado o discurso da missão, ou discurso apostólico, capítulo 10.

Os discípulos voltaram felizes, já havia uma multidão que acolhera o projeto de Deus em Jesus Cristo, mas, agora, era preciso falar também a essa multidão. Nasce, então, o discurso das parábolas, com o qual Jesus vai ensinar àquela grande multidão à beira da praia.

A multidão, pelo menos grande parte dela, também aceita o projeto do Reino, forma-se uma comunidade, e agora é necessário ensinar a essa comunidade como deve ser a sua ação no mundo, acontece o discurso sobre a Igreja, capítulo 18.

A semente foi lançada no coração dos discípulos, os galhos cresceram em direção às multidões, o semeador podou a árvore no tempo certo e a cercou de cuidados para que ela pudesse dar os frutos necessários; então chegará o tempo da colheita, e, para isso, é preciso que o coração esteja preparado, que a lâmpada esteja acesa e que as vestes estejam de acordo com o festim. Para tal propósito faz-se mister as ações de quem se sabe portador do Emanuel, de quem se sabe templo do Deus Conosco e que estará conosco todos os dias até o fim dos tempos; assim acontece o último discurso, chamado discurso escatológico, capítulos 24 e 25.

A partir do prólogo da obra no qual Mateus anuncia o Emanuel e o fim da obra quando narra a paixão, morte e ressurreição de Jesus com o definitivo envio e a promessa de estar sempre conosco, Mateus relata os cinco grandes discursos de Jesus, mostrando como a semente foi lançada, cuidada, como ela cresceu, foi podada para que possamos dar os frutos desejados por aquele que nos convida a ser seus discípulos e discípulas, Jesus de Nazaré, filho de José, filho de Maria, Filho de Deus.

Rezemos

Senhor, muitas vezes o desafio de nossas vidas é começar a caminhar, fazer o mar se abrir diante das inúmeras possibilidades e dos imensos desafios; ao começar a caminhada com Mateus te pedimos humildemente, caminha conosco e seja sempre para nós o *caminho*. Amém.

Os sonhos de Mateus

Segundo a tradição cristã, o Evangelista Mateus foi um convertido por Jesus, e o texto que narra a sua conversão é de uma beleza encantadora.

> Partindo dali, Jesus viu um homem de nome Mateus, sentado junto ao balcão da coletoria e lhe disse: "Segue-me". O homem levantou-se e o seguiu. E aconteceu que, enquanto estava em casa sentado à mesa, chegaram muitos publicanos e pecadores e se assentaram com Jesus e os discípulos.
>
> Vendo isso, os fariseus disseram aos discípulos: "Por que vosso mestre come junto com cobradores de impostos e pecadores?" E Ele, que os ouvira, respondeu-lhes: "Não são os que têm saúde que precisam de médico, e sim os enfermos. Ide e aprendei o que significam as palavras: *Quero misericórdia e não sacrifícios.* Porque não vim para chamar os justos, mas os pecadores (Mt 9,9-13).

Um dia, Jesus passou e ele estava na coletoria de impostos; era cobrador, odiado pelo povo, carregava todo o peso das mágoas de Israel que se via obrigado a pagar tributos ao império. E quando o Mestre passou ali na sua banca de coletoria, o olhou com imenso amor e o chamou, ele deixou tudo para trás e passou a seguir Jesus. Naquela noite, ele recebeu Jesus em sua casa, e sentaram-se à mesa (gesto profundo de acolhida) muitas pessoas de fama pública questionável, e entre elas estava Jesus. Claro que Jesus foi acusado de fazer refeições com pecadores, mas pôde dizer aos que se achavam santos demais: "que bom que vocês não precisam, já são perfeitos, mas eles estão doentes e eu vim para curá-los; contudo, vocês precisam aprender a fazer misericórdia porque Deus é misericordioso e misericordiador".

Mateus, ao que tudo indica, passou uma vida inteira insatisfeito, fazendo o que não amava, amontoando frustrações no coração, sabendo que sobre ele pairava o ódio de uma nação; mas bastou um encontro, um olhar, um chamado e reascendeu nele a chama da esperança, sentiu-se amado, acolhido, curado e mudou para sempre a sua vida.

Satisfeito, palavra interessante para a gente começar rezando com Mateus. Feito sobre medida. Às vezes passamos a vida coletando mazelas de outrem, sofrimentos, angústias e o vazio de nós mesmos; e mais ainda, muitas vezes, carregamos uma religiosidade cheia de preconceitos e oca de vida, sem alegria e sem misericórdia. Um filósofo chegou a dizer que os sacerdotes falavam de redenção, mas não apresentavam rosto e olhar de redimidos; na verdade, vivem sobre vazios.

Mas o encontro com Jesus fez uma reviravolta na vida daquele homem. Ele mesmo passou a levar Jesus para os outros, tornou-se apóstolo, evangelho vivo, presença de Jesus. E alguns anos depois da ascensão do Senhor, Mateus escreveu seu evangelho para que os homens e as mulheres de todos os tempos, após ele, pudessem beber da fonte redentora, ser tocados pela misericórdia.

O Evangelho de Mateus tem algumas particularidades bem profundas e, embora não estarei fazendo aqui uma exegese e nem um estudo aprofundado do texto, quero abrir caminho para essas particularidades; mas é preciso que saiba o leitor amigo que a nossa intenção é viver a espiritualidade do texto, e se apresentamos tais particularidades é porque achamos que elas são importantes para o nosso intuito.

Logo no início do evangelho, ao lermos a genealogia de Mateus, nos deparamos com algumas curiosidades.

1) Somente Mateus e Lucas narram a genealogia de Jesus.

2) A genealogia de Mateus é menos extensa do que a de Lucas.

3) Lucas tem como matriz da sua genealogia Adão, pai de todos os viventes. E Mateus tem como matriz da sua genealogia Abraão, pai de todos os crentes da tradição judaico-cristã.

A genealogia deste evangelho nos abre uma pista importante para compreendermos quem são os interlocutores de Mateus, ou quem são os leitores para os quais ele escreve.

Se a genealogia de Lucas vai até Adão, ela nos permite entender que o seu autor escreveu seu texto para todos os pagãos, pois todos somos os descendentes de Adão, enquanto Mateus escreveu seu texto para uma comunidade judeu-cristã que tem como pai na fé Abraão.

Outro ponto interessante para nos mostrar os destinatários do Evangelho de Mateus são as inúmeras vezes que ele cita a expressão "isso aconteceu para se cumprir o que foi dito pelo profeta". Mais de quarenta vezes em seu evangelho Mateus vai relembrar eventos dos textos judaicos para mostrar que, em Jesus, Deus estava realizando todas as promessas feitas a Abraão no ato da Aliança.

Depois que Mateus narra a genealogia, ele nos apresenta como foi o processo do nascimento do salvador e nos narra as angústias de José e os sonhos dele que fizeram com que abraçasse o projeto de Deus e cuidasse do menino e de sua mãe.

A origem de Jesus Cristo, porém, foi assim: Maria, sua mãe, estava prometida em casamento a José. Mas antes de morarem juntos, ficou grávida do Espírito Santo. José, seu marido, sendo homem justo e não querendo denunciá-la, resolveu abandoná-la em segredo. Mas enquanto assim pensava, eis que um anjo do Senhor lhe apareceu em sonho e disse: "José, filho de Davi, não tenhas medo de receber Maria, tua esposa, pois o que nela foi gerado vem do Espírito Santo. Ela dará à luz um filho, e tu lhe porás o nome de Jesus. É Ele que salvará o povo de seus pecados". Tudo isso aconteceu para que se cumprisse o que o Senhor falou pelo profeta: *Eis que a Virgem conceberá e dará à luz um filho, e o chamarão com o nome de Emanuel*, que significa: *Deus Conosco*. Quando acordou, José fez como o anjo do Senhor lhe tinha mandado e aceitou sua mulher. E não teve relações com ela até que ela deu à luz um filho, a quem ele pôs o nome de Jesus (Mt 1,18-25).

O texto nos permite rezar os sonhos de José. Há pouco tempo celebrei o matrimônio de dois jovens casais que são muito amigos e com amigos em comum que participaram das cerimônias. Assim, quando leio o texto de José e Maria, eu consigo pensar nos sonhos que eles tinham. Quando participavam dos casamentos dos amigos, diziam entre si: "daqui a pouco seremos nós", e já pensavam na casa que desejavam ter, no ensinar aos filhos a profissão; e, de repente, os sonhos caem por terra, Maria estava grávida, e José tinha duas opções: denunciar Maria e apedrejá-la em praça pública ou abandoná-la em segredo. Mas o anjo apresenta a ele uma terceira via: sonhar os sonhos de Deus e, quando José acorda, assume a responsabilidade dos sonhos do Criador.

Outro fato importante, José tinha medos; isso faz parte da vida humana, mas ele não ficou paralisado no medo, deixou-se tocar pelo sonho, pela luz de Deus e seguiu seu caminho vencendo os medos.

Podemos pensar nos nossos sonhos e nos sonhos de Deus e na sintonia ou não que há entre eles.

Não é sem razão que Mateus começa o seu evangelho falando de sonhos. Ele também tivera seus sonhos, seu anseio de riqueza e fez muitas coisas equivocadas por eles; procurava a justa medida onde não poderia encontrá-la, mas naquela tarde, quando Jesus passou e o viu, também ele começou a sonhar os sonhos de Deus e se deixou guiar por eles, encontrou a justa medida do coração.

Rezemos

Senhor, há uma canção que diz que nossa geração deixou de sonhar, mas a mesma canção faz um convite para que as futuras gerações tenham a coragem de sonhos bons. Pedimos com alegria que nos permita sonhar os vossos sonhos e construir com eles um mundo melhor. Amém.

A noite mais fria gerou
a luz do mundo

Mateus narra o nascimento de Jesus de uma forma muito profunda e significativa, um texto que me emociona, a beleza como ele fala do Deus que se esvazia e se faz menino por amor aos homens.

> Tendo nascido Jesus em Belém da Judeia no tempo do Rei Herodes, alguns magos do Oriente chegaram a Jerusalém e perguntaram: "Onde está o rei dos judeus, que acaba de nascer? Vimos sua estrela no Oriente e viemos adorá-lo". Ao ouvir isso, o Rei Herodes ficou alarmado e com ele toda Jerusalém. Reuniu todos os sumos sacerdotes e os escribas do povo, e começou a perguntar-lhes onde deveria nascer o Cristo. "Em Belém da Judeia – responderam eles –, pois assim foi escrito pelo profeta: *E tu, Belém, terra de Judá, de forma alguma és a menor das sedes distritais de Judá, porque de ti sairá um chefe que apascentará meu povo Israel*".
> Herodes chamou, então, secretamente os magos e informou-se com eles cuidadosamente sobre o tempo exato em que a estrela tinha aparecido. Depois, mandou-os a Belém e disse: "Ide e investigai bem sobre o menino e, quando o tiverdes encontrado, comunicai-me, para que eu também possa ir adorá-lo". Tendo ouvido o rei, eles partiram. E a estrela, que tinham visto no Oriente, ia à frente deles, até parar sobre o lugar onde estava o menino. Quando viram a estrela, encheram-se de grande alegria. Ao

entrar na casa, viram o menino com Maria, sua mãe; e, prostrando-se, o adoraram. Abriram seus cofres e lhe ofereceram presentes: ouro, incenso e mirra. Depois, avisados em sonho para não voltarem a Herodes, retornaram para sua terra por outro caminho. Depois que partiram, um anjo do Senhor apareceu em sonho a José e disse: "Levanta-te, toma o menino e sua mãe, foge para o Egito e fica lá até que eu te avise, pois Herodes vai procurar o menino para matá-lo". José levantou-se, tomou o menino e sua mãe e partiu de noite para o Egito. E ali ficou até a morte de Herodes, a fim de que se cumprisse o que o Senhor falou pelo profeta: *Do Egito chamei meu filho* (Mt 2,1-15).

Rezemos um pouco a ternura do texto: segundo a tradição e a piedade cristã Jesus nasceu à noite, na noite de nossas vidas Deus vem ao nosso encontro na delicadeza de um menino, bem diz o Profeta Isaías.

O povo que andava nas trevas viu uma grande luz; sobre aqueles que habitavam uma região tenebrosa resplandeceu uma luz. Multiplicastes o seu júbilo, fizestes crescer a alegria diante de ti como quem se alegra na colheita, como os que se regozijam na divisão da presa. Porque o jugo que pesava sobre eles, a carga de seus ombros, a vara do opressor, Tu os quebraste, como no dia de Madiã. Porque toda bota que pisa ruidosamente e toda túnica empapada de sangue serão queimadas, servirão de alimento para o fogo; porque nasceu para nós um menino, um filho nos foi dado; Ele tem a soberania sobre seus ombros, e será chamado: Conselheiro admirável, Deus forte, Pai para sempre, Príncipe da paz (Is 9,1-5).

Não há noite escura que não possa ser iluminada pela delicadeza e presença de Deus, pelo sorriso angelical de uma criança iluminada e iluminadora. Para os cristãos, o Natal de Jesus é celebrado na noite do dia 25 de dezembro;

importante que saibamos que esta data foi escolhida por outras culturas para celebrar o nascimento de divindades, e no Hemisfério Norte se celebrava a festa do Sol Invicto, porque nessa data se celebra lá o solstício de inverno, ou seja, a noite mais longa do ano. Foi o Papa Julio I que em 350 determinou então que o Natal de Jesus fosse celebrado nessa data. O papa foi muito iluminado ao escolher tal data porque, para nós cristãos, Jesus é o sol da vida e a luz do mundo, o Caminho, a Verdade e a Vida; e nas noites escuras do nosso coração Ele será sempre a nossa esperança.

Segundo Mateus uma estrela guiou os sábios do Oriente até Jesus. Lembro de um belo poema de Olavo Bilac, escolhido por um amigo (Renato) para dizer à sua amada (Érika) no dia do casamento: "amai para entendê-las, pois só quem ama pode ter ouvidos capazes de ouvir e entender estrelas". Pois bem, os magos eram capazes de amar, de ter sensibilidade, de olhar o céu e entender que todo o universo fala de Deus e, por isso, levaram seus presentes: ouro, incenso e mirra; mas levaram muito mais do que os presentes, levaram a reverência, a presença, o carinho e o cuidado para com a vida de uma criança. Toda vida deve ser reverenciada, toda vida deve ser cheia daquela presença que ilumina o universo, toda vida deve ser tocada pelo mistério e ministério do amor.

Conta uma lenda que os sábios, depois de chegarem até Jesus, olharam para a estrela pela última vez e a viram se partir e repartir em milhares de pequenas estrelas e, quando foram avisados para tomar outro caminho, na volta, algumas vezes, se perderam e sempre que encontravam alguém pela estrada que os conduzia e orientava, eles podiam perceber no olhar da pessoa uma pequena estrela, o céu inteiro. Assim, todas as vezes que apontamos o caminho do bem, todas as vezes que saímos de nós mesmos para ajudar a alguém pelo caminho da vida, brilha em nós aquela estrela que guia os homens até Deus.

Depois de entregarem seus presentes, os sábios voltaram por outro caminho. O evangelho diz que eles foram avisados para não voltarem a Herodes e, por isso, eles seguiram outra alternativa. Mas, na verdade, depois que se encontram com Jesus, Jesus passa a ser a alternativa; brincando um pouco com as palavras, Ele passa a ser o GPS (Guiado Pelo Salvador). Que a estrela possa brilhar em nossos olhos e que possamos seguir o caminho que aponta para Jesus e, ao mesmo tempo, ser luz para quem busca Jesus como caminho.

Sair um pouco de nós mesmos e ser aquele céu inteiro que fala de Deus. Lembro-me de Exupéry, colocando nos lábios da raposa: "quando você ama alguém que mora em uma estrela, ao anoitecer tem-se a impressão de que o céu inteiro está lhe sorrindo" (versão livre).

O episódio dos magos nos convida a escolher entre dois caminhos, a saber, o de Herodes que conduz à morte e o de Jesus que leva à vida. Primeiro, do ponto de vista religioso, é curioso que Mateus, que escreve o seu texto para uma comunidade de judeus convertidos e faz questão de mostrar a realização das promessas de Deus para o povo de Israel com o nascimento de Jesus, insira em seu texto a presença de homens vindos de outros lugares e outras culturas, como a dizer que a salvação de Jesus se estende a todos os povos. Paulo, no Areópago, vai lembrar que todos os povos buscam a Deus e o Concílio Vaticano II retoma esta temática com o nome de sementes do Verbo espalhada nas diversas culturas; em Mateus, Paulo e no Vaticano II abre a perspectiva da fé e salvação para outros povos, não mais o exclusivismo, mas uma reflexão ampliada do amor de Deus para com todos.

Depois o texto nos convida a pensar sobre a vida em todos os tempos; vivemos um sistema político e econômico que privilegia a morte, mas não apenas no momento atual; na verdade, a humanidade parece sempre mais próxima a Herodes do que a Jesus. Hoje vinte e seis pessoas, exatamente vinte e seis pessoas no mundo acumulam para elas mais do que possui três bilhões e oitocentos milhões de habitantes do Planeta Terra, ou seja, a metade da população mundial. Mario Sergio Cortella, em um vídeo disponível no YouTube, fala de uma experiência com índios Xavantes no mercado central de São Paulo, na qual os índios se assustam e se escandalizam com uma criança comendo comida podre do lixo em um lugar cheio de comida. Os índios perguntam como é possível tal coisa e eles respondem que é assim porque é assim, e então os índios vão embora de São Paulo, ou seja, eles não conseguem viver em uma sociedade na qual, diante de tanta comida acumulada, crianças morram de fome; Cortella conclui que, se os índios frequentassem as nossas escolas, as nossas instituições e as nossas igrejas, eles não estranhariam esse fato. Precisamos escolher em qual caminho seguir, o de Herodes ou o de Jesus.

O texto termina dizendo que José é avisado em sonho para fugir com o menino, e ele pega a mãe e a criança no meio da noite escura e atravessa o deserto; não há como não se emocionar com o amor de José que lhe dá coragem de pegar o menino e sua mãe e atravessar o deserto na noite.

Para atravessar o deserto eram necessárias as caravanas; sabe-se que os próprios camelos, animais do deserto, se duvidarem do caminho param estagnados e morrem, mas José era movido pelo amor, e para salvar seu filho seria capaz de qualquer coisa. O que Deus tem de mais precioso Ele entregou aos cuidados de José, e quando percebemos a coragem desse homem de atravessar desertos e noites escuras para salvar o menino, compreendemos a razão pela qual Deus o deixou aos seus cuidados.

Foi nos braços de José que Jesus aprendeu que era filho de Jacó, de Isaac, de Abraão; foi nos braços de José que Jesus aprendeu a chamar Deus de Pai.

Na noite escura nasceu o menino, "a eterna criança, o Deus que faltava" (Fernando Pessoa). No céu uma estrela guiou os sábios até o lugar onde estavam José, Maria e o menino; o sinal de Deus aponta para uma criança. A mesma estrela que guia os sábios se parte em milhares de estrelas e brilha nos olhos dos homens e mulheres de paz. A José são confiadas a educação e a guarda do menino, e o amor que move esse homem o guiará pelos desertos para salvar a vida. Eis a beleza do relato de Mateus, eis a delicadeza de Deus que se faz menino e vem morar no meio de nós (Emanuel)

Rezemos

Pai de amor e bondade que nos destes Emanuel para caminhar conosco, permita-nos ser sinal da vossa presença, permita brilhar em nosso olhar a luz daquela estrela que ilumina o caminho daqueles que te buscam de coração sincero. Amém

Batismo, deserto e convite ao anúncio do Reino

Os capítulos 3 e 4 de Mateus nos levam a encontros importantes para o ministério de Jesus e para a vida da comunidade cristã.

Em primeiro lugar a pregação de João Batista, que para Mateus é aquele que veio preparar o caminho do Senhor, precisamente "a voz que clama no deserto: preparai os caminhos do Senhor, tornai retas as suas veredas". Muito interessante a imagem, tornar retas as veredas, preparar os caminhos. A história de cada um é única e preciosa e cada um é convidado a fazer o seu caminho para que nele entre o Senhor, aparar as arestas da alma, tomar a vida nas mãos, ser senhor de si.

O nosso caminho chamado vida é marcado por muitas curvas; trazemos as cargas daqueles que nos cercam e, muitas vezes, a viagem se torna pesada, enfadonha, perdemos o ânimo, a alma. Acertar os caminhos, aparar o que se faz necessário, ter consciência do nosso destino.

João batizava com água, mas tinha a clareza de que Jesus era mais próximo de Deus que traria o Reino ao coração de todos os que se abrem a Ele. Neste contexto acontece um diálogo que nos ensina muito, pois quando Jesus vai da Galileia para o Jordão, João tenta recusar o pedido de Jesus. "Eu preciso ser batizado por ti e tu vens a mim", mas diante da argumentação de Jesus: "Por enquanto deixe como estar, porque precisamos cumprir toda a justiça", o precursor aceita o argumento de Jesus e o batiza, ambos têm o privilégio de ver o céu se abrir e ouvir a voz do infinito. Dois homens de uma grandeza impressionante, dois homens que se reverenciam, se respeitam e se admiram.

Muito comum escutarmos as pessoas falarem ou lerem de outros que a relação com Deus é uma coisa e a religião é outra coisa, cada vez há um fechamento no subjetivismo e uma renúncia à vida de comunidade. Jesus e João Batista nos apontam para o lugar da comunidade e da lei dessa comunidade para o encontro pessoal com Deus. Foi cumprindo a justiça que Jesus viu o céu se abrir sobre Ele; contudo, é importante lembrar que para Jesus a vida estará sempre em primeiro lugar, e, se em algum momento, a lei e a comunidade se opuserem à vida, O Senhor da vida fará diferente. "Eu vim para que todos tenham vida" (Jo 10,10).

Como é difícil para os líderes reconhecerem a grandeza do outro; mais difícil ainda para os religiosos, primeiramente entre seus pares e depois diante dos que creem diferente. O diálogo entre João e Jesus nos ensina essa grandeza de alma.

O ritual do batismo católico tem muito a nos ensinar em cada sinal, em cada gesto que permite a configuração do batizando a Jesus. Começando pelo nome do batizando, cada nome é um mistério de amor; dizer o seu nome ao mundo é marcar a sua presença na história. Todo pai e toda mãe, ao escolherem o nome para seus filhos, pensam na docilidade, anseiam que, cada vez que o mundo pronunciar esse nome, ele possa fazê-lo com alegria nos lábios. Talvez por isso Sara tenha chamado seu filho de Isaac (riso) (Gn 17).

O sinal da cruz na fronte daquele que será batizado é acompanhado da expressão "Nós te acolhemos na nossa comunidade, o nosso sinal é a cruz pela qual Cristo nos deu a vida" – a palavra cruz na sua origem grega *stauros*, significa poste, aquilo que está de pé; podemos pensar na língua portuguesa o restaurar, colocar de pé, devolver a beleza original. Assim, ao marcar o batizando com este sinal o convidamos a estar sempre de pé diante da vida e se recordando sempre da sua origem que é Deus mesmo.

A luz acesa junto ao círio pascal, a fonte da vida que ilumina a noite escura e faz desabrochar a ressurreição como vida maior; acender ali a vela do batizando, configurando-o ao Senhor da vida e chamando-o a ser instrumento de vida e a crescer na presença do Senhor.

A unção com o óleo santo, fazendo do batizando um novo Cristo, um ungido de Deus; aqui é bom lembrar que reis, profetas e sacerdotes eram ungidos para que pudessem ser iluminados pela sabedoria e, assim, poderem guiar os outros.

E o ponto alto do batismo é quando aquele que vai ser configurado no Cristo passa pelas águas, pela fonte da vida, permitindo que o céu se abra também sobre ele e que Deus possa lhe dizer: "Você também é meu filho amado, em ti coloco a minha alegria e a minha esperança de uma humanidade mais justa, solidária e fraterna".

Atos e palavras que permitem fazer com que o cristão possa refletir em sua vida toda a grandeza de Jesus.

Após o batismo de Jesus, há duas situações que nos convidam a rezar nossas vidas. Primeiro, a crise que Jesus enfrenta, o mergulhar no deserto e na solidão onde Ele se viu confrontado com suas verdades, onde foi tentado, onde sentiu fome, sede e medo, mas em momento algum perdeu a sua identidade; antes a confirmou diante de si mesmo, e só depois de enfrentar o seu deserto foi capaz de vivenciar o segundo momento, onde integrado consigo, com Deus e com o mundo, saiu pela Galileia chamando discípulos e anunciando o Reino de Deus.

Quantas pessoas passam pelo deserto. Tal deserto hoje tem muitos nomes, mas talvez o mais comum seja a crise, a depressão, quando as verdades de um mundo que parecia pronto começam a desmoronar, seja na vida religiosa, afetiva, familiar, profissional. Muitas vezes a pessoa percebe que o que era antes já não se sustenta; contudo, há um medo imenso diante do que está por vir e a pessoa acaba por fechar-se em si mesma. Triste quando essa dor ainda é acrescentada pelo desrespeito do outro com suas frases impróprias: "frescura, falta de uma vassoura, falta do que fazer". A dor da alma que mergulha em si pode se tornar caminho para a sua grandeza, para a descoberta do Reino em si, como fez Jesus.

Depois do deserto, Jesus, o homem inteiro, vai para o Mar da Galileia e ali é capaz de olhar nos olhos dos outros homens e convidá-los para a novidade; o céu tocou a terra, o Reino se faz presente em nós. Assim foram os chamados a Simão e a André, a Tiago e a João e a todos os outros; e cada um deles foi capaz, diante do chamado do Mestre, de largar tudo para abraçar a novidade que Jesus lhes apresentava.

Os homens se sentiam curados, a vida renascia em cada coração, o céu estava presente.

Rezemos

Pai Santo, que abristes o mar para que o teu povo pudesse fazer a travessia e abristes o céu para testemunhar com o Espírito Santo o amor ao teu filho. Abra-nos os mares diante dos desafios que a vida nos impõe e abra-nos o céu para que possamos também experimentar sempre o teu infinito Amor. Amém.

Primeira ponta da estrela: o Sermão da Montanha

Na montanha a nova lei

Não é sem motivos que Mateus leva Jesus à montanha. Como já vimos, o nosso autor tem entre os seus objetivos mostrar à comunidade de cristãos vindos do judaísmo que Jesus é o novo Moisés, ou aquele no qual se cumprem as promessas de Deus.

Assim, o itinerário de Jesus até a montanha vai se delineando. Jesus nasce sobre a ameaça de Herodes, na noite escura da vida a esperança brilha para os homens. Os sábios do Oriente vão até Ele como uma forma de dizer que a luz de Deus brilhou para o mundo. José e Maria são obrigados a fugir na madrugada para proteger a vida do menino, mas outras crianças não tiveram a mesma sorte; assim como Moisés fora salvo no Egito, agora é Jesus que é salvo pela coragem de José que atravessa o deserto para proteger a vida.

Em seguida, Jesus, já adulto, aparece entre os amigos de João Batista e é batizado pelo profeta. Ao ouvir a voz do céu (Este é o meu filho amado) sobre si, Jesus busca a sua identidade mais profunda, passando por aquele momento que os evangelhos chamam de deserto, ao enfrentar e vencer seus "demônios". Jesus volta para a Galileia e começa o anúncio do Reino e o convite aos discípulos para que possam tomar parte do seu projeto.

As multidões começam a seguir Jesus e chega então o momento de apresentar seu projeto.

> Ao ver aquela multidão de povo, Jesus subiu ao monte. Quando se sentou, os discípulos se aproximaram dele. Tomou a palavra e começou a ensinar: "Felizes os que têm espírito de pobre, porque deles é o Reino dos Céus. Felizes os que choram, porque serão consolados. Felizes os mansos, porque possuirão a terra. Felizes os que têm fome e sede de justiça, porque serão saciados. Felizes os misericordiosos, porque alcançarão misericórdia. Felizes os puros de coração, porque verão a Deus. Felizes os que promovem a paz, porque serão chamados filhos de Deus. Felizes os perseguidos por causa da justiça, porque deles é o Reino dos Céus. Felizes sereis quando vos insultarem e perseguirem e, por minha causa, disserem todo tipo de calúnia contra vós. Alegrai-vos e exultai, porque grande será a vossa recompensa nos céus. Foi assim que perseguiram os profetas antes de vós".
> Vós sois o sal da terra. Mas se o sal perder o gosto salgado, com o que se há de salgar? Já não servirá para nada, apenas para ser jogado fora e pisado pelas pessoas.
> Vós sois a luz do mundo. Não é possível esconder uma cidade situada sobre um monte, nem se acende uma lamparina para se pôr debaixo de uma vasilha, mas num candelabro, para que ilumine todos os da casa. É assim que deve brilhar vossa luz diante das pessoas, para que vejam vossas boas obras e glorifiquem vosso Pai que está nos céus.
> Não penseis que vim abolir a Lei ou os Profetas. Não vim abolir, mas completar (Mt 5,1-17).

Interessante notar que o sermão não é para a multidão, mas um ensinamento para os discípulos. Vendo as multidões Ele subiu a montanha (cf. Ex 24), seus discípulos se aproximaram e Ele começou a ensiná-los dizendo:

As bem-aventuranças são agora uma nova ordem, Jesus diz aos discípulos de todos os tempos; não é possível que os homens sofram, sejam humilhados, tenham fome e sede, sejam injustiçados, mas se assim acontece, eles agora são felizes porque o Reino está chegando até eles. Note-se que o "são felizes" não é para uma vida pós-morte, mas é para o hoje da nossa vida e da vida de todos os seres humanos. Por apresentar o Reino aos homens vocês serão perseguidos, mas creiam que vocês também são bem-aventurados porque o Reino dos Céus pertencerá a vocês. Os cristãos de todos os tempos saberão fazer diferente, porque eles são a resposta de Deus, somos o que Jesus continua a dizer.

Vocês são o sal da terra e a luz do mundo. Conservar a vida e dar-lhe sabor, nossa missão e tarefa, ser sal. Em um mundo marcado pela não valorização da vida, pelo desrespeito contra a dignidade humana, nós somos o clarão que ilumina as noites escuras da violência, por toda e qualquer violência.

O sal precisa de equilíbrio; se for em excesso vira amargo e tira o sabor, se for de menos não valoriza o alimento que se tempera. Somos convidados a ser ponto de equilíbrio em um mundo que não sabe por onde seguir e acaba se apegando ou ao fundamentalismo, com medo de se afogar, ou ao relativismo, sem qualquer identidade.

A luz brilha em nós, quando tornamos o Reino presente na vida dos outros, como bem nos ensinou o Profeta Isaías.

> O jejum que eu prefiro é este: soltar as algemas injustas, soltar as amarras do jugo, dar liberdade aos oprimidos e acabar com qualquer escravidão! Repartir o pão com o faminto, acolher em casa os pobres sem teto! Quando virdes alguém sem roupa, veste-o e não te recuses a ajudar teu semelhante! Então tua luz romperá como a aurora, e tua ferida depressa ficará curada. Diante de ti marchará a tua justiça e

atrás de ti a glória do Senhor. Então clamarás, e o Senhor responderá, gritarás por socorro e Ele dirá: "Aqui estou". Se removeres do teu meio a opressão, a denúncia falsa e a palavra malévola, se deres ao faminto o seu sustento e saciares o estômago das pessoas aflitas, então brilharás tua luz nas trevas, e tua noite escura se transformará em pleno meio-dia (Is 58,6-10).

Sal da terra e luz do mundo missão difícil, mas a maneira perfeita de mostrar que Deus nos ama e que Ele ama através de nós, que quem se alimenta de Cristo acaba por se tornar Cristo para tantos que têm fome.

E Jesus conclui dizendo que não veio abolir a lei, mas dar a ela plenitude. O amor é e será sempre a força e a presença do ensinamento de Jesus neste mundo.

Após falar aos discípulos que os deserdados desse mundo são felizes porque em cada cristão se revelará o amor de Deus, porque os cristãos são o sal da terra e a luz do mundo, Jesus traz os pontos da lei de Moisés, e em cada ponto apresenta a força do amor como o que dá sentido a todo o seu ensinamento: "ouvistes o que foi dito, eu, porém, vos digo... amai vossos inimigos, rezai por aqueles que vos perseguem".

Para cada ponto da lei antiga Jesus vai dizer: ouvistes o que foi dito e eu agora vos digo. Em nenhum momento Jesus desconsidera Moisés, mas como o Mestre mesmo diz, Ele dá à lei uma amplitude, e todo o ensinamento fica pautado no amor a Deus e ao próximo. Claro que em nosso tempo podem surgir duas perguntas: O que é amor? E quem é o meu próximo?[2] O próximo é todo aquele que pratica amor; e amor é compaixão, cuidado, importar-se com o outro e lhe devolver a vida que tantas vezes é roubada por diversos motivos.

---

2 Recomendo a leitura de minha obra *Lucas, luz de amor infinito*, publicada pela Editora Vozes.

Portanto, ouvistes o que foi dito, pratiquem o que foi dito; eu, porém, vos digo que a vossa prática seja pautada no amor e não no puro legalismo, de tal forma que ela não se torne um peso, mas uma libertação.

Rezemos

Senhor, aceite a nossa humilde prece e faz de nós bem-aventurados com fome e sede de justiça, de corações pacíficos e promotores da paz e que, sobretudo, possamos ser portadores do amor ao próximo, maior ensinamento que o seu filho nos deixou na montanha. Amém.

Uma casa a ser construída

Jesus conclui o seu Sermão da Montanha de uma forma majestosa, uma pequena parábola para ensinar seus discípulos a praticarem tudo aquilo que ouviram na montanha; a imagem que Jesus usa é a da edificação da casa.

Cada um de nós é uma construção. Muito comum sonharmos com casa, aquela que planejamos ao longo da vida, aquela que nós conseguimos edificar, aquela que ficou perdida, aquela da nossa infância e, sobretudo, a casa que nós somos.

> Nem todo aquele que me diz: "Senhor, Senhor", entrará no Reino dos Céus, mas quem fizer a vontade de meu Pai que está nos céus. Muitos me dirão naquele dia: "Senhor, Senhor, não profetizamos em teu nome, não expulsamos demônios em teu nome, não fizemos muitos milagres em teu nome?" Então lhes declararei: Nunca vos conheci. *Afastai-vos de mim, vós que praticais o mal.*
>
> Portanto, todo aquele que ouve estas minhas palavras, e as põe em prática, será como um homem prudente que construiu sua casa sobre a rocha. Caiu a chuva, vieram as enxurradas, sopraram os ventos e deram contra a casa, mas ela não desabou. Estava fundada na rocha. Mas todo aquele que ouve estas minhas palavras, e não as põe em prática, será como um homem tolo que construiu sua casa sobre a areia. Caiu a chuva, vieram as enxurradas, sopraram os ventos e deram contra aquela casa, e ela desabou. E grande foi a sua ruína.

Ao terminar Jesus estes discursos, a multidão do povo se admirava de sua doutrina, pois Ele os ensinava como quem possui autoridade e não como os escribas (Mt 7,21-29).

Interessante pensarmos a nossa vida a partir da casa em construção, do estarmos sempre por nos fazer; nossa casa será sempre inacabada e essa é uma de nossas grandes riquezas, a nossa porção de esperança, não como quem espera, mas como quem vive por esperançar, por construir a cada dia a sua própria história, sabendo que, às vezes, é preciso rever o projeto, trocar paredes de lugar, abrir janelas, arejar a história.

Muitos jovens, quando vão se casar, pedem que esse texto seja lido na cerimônia. Construir uma casa, casamento, e a cada dia os projetos vão sendo mudados, ampliados e a convicção importante de que nunca se está pronto.

Jesus então nos apresenta essa imagem para mostrar que praticar a lei é dar um sentido à vida, é edificar a casa chamada *eu*.

Há ainda uma parábola moderna que nos ajuda a pensar essa casa e o cuidado que devemos ter para com ela.

> Um velho carpinteiro estava para se aposentar. Ele contou a seu chefe os seus planos de largar o serviço de carpintaria e de construção de casas e viver uma vida mais calma com sua família.
>
> Claro que ele sentiria falta do pagamento mensal, mas ele necessitava da aposentadoria. O dono da empresa sentiu em saber que perderia um de seus melhores empregados e pediu a ele que construísse uma última casa como um favor especial.
>
> O carpinteiro consentiu, mas com o tempo era fácil ver que seus pensamentos e seu coração não estavam no trabalho. Ele não se empenhou no serviço e se utilizou de mão de obra e matérias-primas de

> qualidade inferior. Foi uma maneira lamentável de encerrar sua carreira.
>
> Quando o carpinteiro terminou seu trabalho, o construtor veio inspecionar a casa e entregou a chave da porta ao carpinteiro. "Esta é a sua casa", ele disse, "meu presente a você".
>
> Que choque! Que vergonha! Se ele soubesse que estava construindo sua própria casa, teria feito completamente diferente, não teria sido tão relaxado. Agora ele teria de morar numa casa feita de qualquer maneira.

Penso no poema de Drummond *De mãos dadas*, no qual ele nos diz: "o tempo é minha matéria, o tempo presente, a vida presente, o homem presente". Construir nossa casa com aquilo que Deus nos dá. Temos o melhor terreno que é a vida, o melhor projeto que é a eternidade, o melhor material que é a graça de Deus. A vida é a nossa matéria e ela só pode ser a vida presente, só podemos ser o homem presente que edifica para a eternidade.

Jesus nos apresenta dois terrenos, a rocha e a areia. O povo de Jesus conhecia bem a vida nômade, conhecia bem o deserto, o viver em tendas. No calor do meio-dia, em uma quase desumana condição, muitas vezes se procuravam as rochas cavadas nas montanhas para dentro delas se abrigarem do calor; nas noites mais frias do deserto elas também eram procuradas para dar abrigo e aquecer um pouco o corpo cansado. Uma vida que não aquece e não acolhe é uma vida sem sentido, por isso a força do amor que dá plenitude a toda lei.

Um dia, para além de todas as esperanças e muito além de todos os túmulos, nos encontraremos com o Senhor da vida para entregar a Ele a nossa construção e que Ele possa nos dizer entre abraços e sorrisos: "que casa linda você edificou, tome posse na eternidade da sua construção".

Quem ouve a minha palavra (Amar a Deus sobre todas as coisas e ao próximo como a ti mesmo) e a põe em prática é como um homem prudente que no terreno da vida edificou sua casa na eternidade. O próprio Jesus vai nos mostrando ao longo do evangelho que o amor se mostra de forma prática na defesa da vida e de toda vida.

Por outro lado, há aqueles que constroem suas casas sobre a areia movediça. Lembro-me dos meus tempos de criança quando assistia a filmes de Tarzan, quase sempre algum vilão acabava preso à areia e a mesma areia ia engolindo os vilões de tal forma que eram sufocados e mortos. Quem não se abre ao outro, quem não entende a vida como uma grande comunhão com todos e com todas as coisas, acaba se sufocando, não constrói seguranças, vive no seu pequeno mundo, preso a si mesmo. Portanto, cabe a cada um escolher todos os dias onde construir sua casa vida, nas areias ou na rocha.

Rezemos

Senhor, quando chegar aquele dia, para além de todas as mortes e de todas as esperanças, e estivermos diante da vossa presença, permita-nos humildemente entregar a Vós a nossa casa cheia de pecados e de dores, mas, sobretudo, decorada com amor e sonhos e perfumada com a vossa graça. Amém.

Praticando a lei:
descendo da montanha

A maneira como Mateus narra seu evangelho é muito interessante e provocativa. Jesus subiu a montanha e disse aos seus discípulos que não veio abolir a lei, mas dar a ela pleno cumprimento. Ali ele convidou os seus discípulos a tornar felizes os desventurados desse mundo, alimentando em seus corações a esperança e tornando o Reino dos Céus presente em suas vidas, uma forma de cada discípulo ser sal da terra e luz do mundo. Deixou claro que não veio abolir a lei de Moisés, mas dar a ela o pleno cumprimento, e conclui ensinando aos seus discípulos como edificar a casa vida. Em seguida, Ele desceu da montanha e, segundo a narrativa de Mateus, a primeira coisa que aconteceu foi um encontro com um leproso.

> Quando Jesus desceu do monte, seguiram com Ele multidões de povo. De repente, aproximou-se um leproso, prostrou-se diante dele e disse: "Senhor, se quiseres, podes limpar-me". Jesus, estendendo a mão, tocou-o e disse: "Eu quero, fica limpo". No mesmo instante ficou limpo da lepra (Mt 8,1-3).

O interessante a se notar nesse texto é que ele mostra uma ação de Jesus que, a princípio, está fora da lei. Segundo Nm 19,22, todo aquele que tocar em um impuro e/ou for tocado por ele se tornará também impuro. A lepra era uma impureza e, muito mais do que isso, era considerada uma maldição; portanto, aquele que tinha a lepra era visto pela comunidade de Israel como um maldito por Deus e pelos homens, era condenado a viver na solidão, afastado de todos e gritando para todos: "impuro, impuro", como nos atesta o Livro do Levítico: "Todo homem atingido pela lepra terá suas vestes rasgadas e a cabeça descoberta. Cobrirá a barba e clamará: Impuro! Impuro! Enquanto durar o seu mal, ele será impuro. É impuro; habitará só, e a sua habitação será fora do acampamento" (13,45-46).

A lepra, até o século XIX, era considerada uma maldição. Muitos eram os leprosários mundo afora; na Idade Média eram em média 19 mil na Europa, onde os enfermos eram confinados e condenados a uma vida de dor e humilhação. Atualmente, o tratamento é simples e pode ser feito com o paciente em sua própria casa e não há nenhuma necessidade de exclusão social em função da enfermidade; contudo, há ainda preconceitos, uma chaga para a humanidade.

Jesus "alheio" a qualquer preconceito e entendendo a vida como Lei Maior, tocou o leproso e o curou, deixando claro que aquela lei promulgada na montanha era a maior defesa daqueles que se consideravam sem lugar nesse mundo, porque quando os cegos veem, os surdos ouvem, os paralíticos andam, os leprosos são purificados e os pobres são acolhidos (Mt 11,4-6), temos a clareza de que o Reino dos Céus chegou entre nós.

Jesus continua seu trajeto alargando o Reino, acolhendo um centurião, um estrangeiro que vai ao seu encontro pedindo-lhe pela vida de um servo.

O texto é de uma beleza imensurável, a construção do diálogo que nos permite enxergar alguns sinais de que o Reino dos Céus está se alargando realmente.

O primeiro sinal de que o Reino se faz próximo está na atitude de um homem que tem um grupo de soldados sobre seu comando ter cuidado e zelo por um servo, e pedir a Jesus por ele. Aqui está um grande milagre, a capacidade de olhar para um colaborador e cuidar dele, a ponto de se "humilhar" pedindo ajuda para um judeu, ou seja, o centurião entendia que a vida era um bem maior como pregava Jesus e, por isso, não se importou em estar diante do nazareno, intercedendo por aquele servo. Segundo sinal, o homem consegue perceber a grandeza do momento e também de Jesus e vai dizer a Ele: "Senhor, eu não sou digno que entre na minha casa" – talvez uma casa construída não sobre a rocha, mas sobre as areias da opressão, dos subornos, das contravenções –, "mas basta uma palavra e meu servo será salvo". Aqui não se salva somente o servo, salva-se uma casa inteira, uma vida inteira, e Jesus vai elogiar aquele homem: "Em Israel não encontrei tamanha fé"[3]. O Reino chega ao coração dos pagãos, o homem entrega seu servo, sua casa, sua causa a Jesus e prontamente é atendido.

Jesus continua no capítulo 8 de Mateus a curar os enfermos, expulsar os demônios e tornar o Reino presente na vida das pessoas e, por fim, Ele acalma o mar.

> Jesus entrou no barco e os discípulos o seguiram. De repente uma grande tempestade se levantou no mar, a ponto de o barco desaparecer entre as ondas. Jesus, porém, dormia. Os discípulos foram acordá-lo, dizendo: "Senhor, salva-nos! Vamos morrer"! Ele respondeu-lhes: "Por que este medo, homens de pouca fé?" Em seguida levantou-se, repreendeu os ventos e o mar, e se fez grande calma. Os homens

---

3 A Bíblia de Jerusalém traz um belo texto sobre essa fé: Essa fé, que Jesus requer desde o princípio da sua atividade (Mc 1,15) e que Ele continuará a requerer sempre, é um sentimento de confiança e de abandono pelo qual o homem desiste de contar com seus próprios pensamentos e com as suas forças, para entregar-se à palavra e ao poder daquele em quem crê.

se admiraram, dizendo: "Quem é este a quem até os ventos e o mar obedecem?" (Mt 8,23-17).

O mar, a barca, a tempestade, o dormir de Jesus e o medo dos discípulos, tudo isso em um texto tão pequeno. O nosso mundo, às vezes, parece um mar revolto; as tempestades se sucedem, a barca das nossas seguranças é agitada pelo vento e, muitas vezes, temos a impressão que Jesus dorme. No entanto, Ele é senhor da vida e que Ele possa estar sempre em nossa barca, ainda que não sejamos dignos da sua presença. Entreguemos a Ele a nossa história e a nossa vida.

Rezemos

Pai Santo, às vezes o vento é forte, o barco da vida se agita, as tempestades são cruéis, por isso nós te pedimos, fica conosco nas noites escuras, pois somos frágeis e medrosos e sem a tua presença o nosso barco não chegará ao porto seguro. Amém.

Eu quero misericórdia, e não sacrifício

A palavra misericórdia tem um sentido muito especial e pede uma ação muito difícil ao ser humano.

O sentimento de compaixão move o coração de muitas pessoas; ouso dizer que toda a humanidade é capaz de gestos de compaixão, ser capaz de sentir a dor do outro que carrega algum tipo de infortúnio. Eu estou bem, as coisas estão bem direcionadas na minha vida, passo por um momento de serenidade e crescimento e, de repente, deparo-me com uma pessoa que está sofrendo uma grave enfermidade, uma crise existencial profunda, padecendo de um acidente, sentindo fome; então eu esqueço a minha paz e me comovo, deixo meu coração se mover em direção ao outro, sinto a dor que não é minha – com-paixão –, vivo, por um instante, a dor alheia, ajudo se for possível; isso se chama compaixão.

Mas misericórdia não é simplesmente para com quem está sofrendo, mas por quem está sofrendo por haver cometido algum delito, feito algo errado; então eu assumo a miséria do coração do outro, as suas entranhas, a sua origem. Daí vem a palavra generosidade, eu tenho a mesma origem do outro, de todo e qualquer outro, mesmo daquele que errou.

O capítulo 9 do Evangelho de Mateus é cheio de riqueza, beleza, misericórdia.

> Jesus entrou num barco, fez a travessia e chegou à sua cidade. Apresentaram-lhe um paralítico, deitado numa cama. Ao ver a fé daquela gente, Jesus disse ao paralítico: "Coragem, filho, os teus pecados estão perdoados". Alguns escribas, porém, começaram a se dizer: "Este homem blasfema". Conhecendo-lhes os pensamentos, Jesus disse: "Por que estais pensando coisas más em vossos corações? O que é mais fácil dizer: 'teus pecados estão perdoados' ou dizer: 'levanta-te e anda'? Pois bem, para que saibais que o Filho do Homem tem na terra poder de perdoar os pecados – disse então ao paralítico: Levanta-te, pega o teu leito e vai para casa". Ele levantou-se e foi para sua casa. Vendo isso, a multidão ficou com medo e deu glória a Deus por haver dado tal poder aos homens (Mt 9,1-8).

Quero rezar e te convidar a rezar cada momento deste capítulo que começamos a ler.

Logo no início do capítulo, Jesus se depara com um homem que não consegue andar, fora entrevado pela vida. Ao ver o homem, Jesus o convida ao perdão, ao encontro com sua verdade maior, com a imagem e semelhança de Deus. Claro que as autoridades religiosas ficam escandalizadas, elas se julgam as únicas portadoras do dom de Deus e acusam Jesus de blasfemar, quando na verdade Jesus mostrava ali o rosto da misericórdia de Deus. Uma misericórdia que cura o coração, mas aqui foi necessário também curar o corpo para que os religiosos pudessem perceber a intimidade de Jesus com o Pai e a autoridade com a qual Ele fazia misericórdia através do perdão.

Há muitos entrevados pela vida que precisam reconhecer a misericórdia de Deus, homens e mulheres que estão parados na estação de alguma mágoa, de algum trauma, de algum instante onde a vida perdeu a alegria e o sentido. Eles precisam experimentar a misericórdia e poder pegar a maca e voltar para si, para o seu domínio, para a sua casa.

> Partindo dali, Jesus viu um homem de nome Mateus, sentado junto ao balcão da coletoria e lhe disse: "Segue-me". O homem levantou-se e o seguiu. E aconteceu que, enquanto estava em casa sentado à mesa, chegaram muitos publicanos e pecadores e se assentaram com Jesus e os discípulos.
> Vendo isso, os fariseus disseram aos discípulos: "Por que vosso mestre come junto com cobradores de impostos e pecadores?" E Ele, que os ouvira, respondeu-lhes: "Não são os que têm saúde que precisam de médico, e sim os enfermos. Ide e aprendei o que significam as palavras: *Quero misericórdia e não sacrifícios.* Porque não vim para chamar os justos, mas os pecadores" (Mt 9,9-13).

O texto continua com o chamado de Mateus, reflexão e oração que já fizemos na prece de introdução deste livro, o misericordioso e misericordiador.

> Então se aproximaram os discípulos de João e lhe perguntaram: "Por que nós e os fariseus jejuamos com frequência e teus discípulos não jejuam?" Jesus lhes respondeu: "Por acaso os amigos do noivo podem ficar tristes enquanto o noivo estiver com eles? Mas virão os dias em que o noivo lhes será tirado. Então, naqueles dias, jejuarão. Ninguém põe um remendo de pano novo em roupa velha, porque o remendo repuxa a roupa e o rasgão fica pior. Tampouco se coloca vinho novo em odres velhos. Do contrário, rompem-se os odres, o vinho escorre e os odres se perdem. Mas coloca-se o vinho novo em odres novos, e assim ambos se conservam" (Mt 9,14-17).

Em seguida, o capítulo nos mostra a intimidade de Jesus com seus discípulos a ponto de se intitular o noivo, uma imagem muito usada pelos profetas para mostrar a relação de Israel com o Pai. Ele é o esposo e a comunidade é a esposa. Jesus é o esposo que se faz presente na vida de seus discípulos, por isso cabe a eles a porção da alegria de estar na presença do amado. Não é tempo de jejum, não é tempo de privações, mas o momento de se aproveitar cada instante na presença daquele que torna o céu tão presente na vida dos seus amigos.

E Jesus conclui este trecho com uma provocação: retalhos novos em roupas velhas, vinho novo em odres velhos. A presença de Deus em nossa vida não nos permite continuar com o pão fermentado do ontem, Deus já nos fez misericórdia, Ele já nos convidou a estar na sua presença, já nos seduziu para a sua intimidade. Não posso construir a casa nova, se estou apegado à maca que me deixava entrevado, se estou encarcerado no trauma que me roubou a alegria, se sou prisioneiro do pecado do qual já fui perdoado por Jesus.

> Enquanto assim lhes falava, aproximou-se um chefe de sinagoga e, prostrado diante dele, disse-lhe: "Minha filha acaba de morrer. Mas vem, põe tua mão sobre ela e viverá". Jesus se levantou e o seguiu com os discípulos. Nisso, uma mulher, que há doze anos sofria de hemorragia, achegou-se por trás e lhe tocou a borda do manto. Pois ela pensava: Se eu ao menos tocar o manto dele, ficarei curada. Jesus virou-se e, vendo-a, disse: "Filha, tem confiança, a tua fé te curou". E naquele momento a mulher ficou curada.
> Quando Jesus chegou à casa do chefe da sinagoga, viu os flautistas e a multidão em rebuliço, e disse: "Retirai-vos, pois a menina não está morta. Ela está dormindo". Eles riam-se dele. Depois de fazer sair a multidão, Jesus entrou, tomou a mão da menina e ela se levantou. E a notícia se espalhou por toda aquela terra (Mt 9,18-26).

Dois episódios se misturam em uma cena que se segue, a menina que estava morta e a mulher com fluxo de sangue.

Um oficial romano pede pela sua filha. Muito comum a gente ouvir pais e mães dizendo do amor que se tem por um filho, por uma filha, amor que não se tem como medir, amor que transforma uma vida inteira. Aqui temos um pai que esquece que é oficial romano e que Jesus é judeu; tudo o que o pai sabe é a dor que carrega, o desespero ao saber da filha morta e a esperança de que Jesus possa trazer o céu até ele, devolvendo a vida à menina. Jesus sai então em direção à casa do oficial quando, no caminho, uma mulher, que tinha fluxo de sangue que durava doze anos, se aproxima e toca Jesus; o texto aqui é minucioso: "Ora, uma mulher atormentada por um fluxo de sangue, havia doze anos, aproximou-se dele por trás e tocou-lhe a orla do manto. Dizia consigo: Se eu somente tocar na sua vestimenta, serei curada". A mulher cometeu uma contravenção, foi contra a lei que a impedia de tocar Jesus; havia muitas pessoas ali, algumas esbarravam em Jesus naturalmente como acontece quando se está aglomerado, mas aquela mulher não esbarrou no Mestre, ela o tocou com toda esperança; doze anos de sofrimento, um tempo que não se pode contar, já que tal número nos remete à perfeição; contudo, a mulher encontrou em Jesus a misericórdia, a cura e a acolhida.

Chegou por trás porque, sendo impura, estava fazendo algo proibido que deixaria Jesus também impuro, segundo a lei, mas a lógica de seu coração era outra, ela acreditava que se tocasse em Jesus ela ficaria curada. Jesus sentiu o toque, sentiu a fé, sentiu o coração daquela mulher; alguém me tocou, alguém desejou a vida, alguém tocou a vida e a mulher pôde então ser purificada: "tem confiança, tua fé te salvou", e ela então foi para a casa, tomou a vida nas mãos.

Jesus então se dirigiu à casa do oficial, chamou os pais e a menina para uma conversa; ela já tinha 12 anos, já era uma mulher aos olhos da comunidade, mas os pais provavelmente a queriam reter, não deixar que ela vivesse a sua vida, como é comum em muitos pais que diante da insegurança e do medo não permitem que seus filhos criem asas[4]; o Mestre fez pais e filha se entenderem, devolveu a vida à menina, da mesma forma que havia devolvido a alegria e a pureza ao coração da mulher que lhe tocara o manto.

> Ao sair Jesus dali, dois cegos o seguiam gritando: "Filho de Davi, tem piedade de nós!" Quando entrou em casa, os cegos se aproximaram, e Jesus lhes disse: "Credes que eu posso fazer isso?" Eles responderam: "Sim, Senhor". Então Jesus tocou os olhos deles, enquanto dizia: "Que vos seja feito conforme a vossa fé". E os olhos deles se abriram. Em tom severo ele os avisou: "Cuidai que ninguém o saiba". Mas, saindo dali, eles espalharam sua fama por toda a região (Mt 9,27-31).

O texto vai caminhando para o seu desfecho no encontro com os cegos que se aproximam dele e pedem que possam ver a luz. Jesus para, escuta, dá atenção e pergunta o que eles querem e se, de fato, eles acreditam no que querem e, diante da resposta positiva, Jesus os toca.

O que eu quero diante da vida? Como eu busco a luz quando a escuridão toma conta de mim? A atitude desses

---

4 "Vossos filhos não são vossos filhos: são filhos e filhas da ânsia da vida por si mesma. Vêm através de vós, mas não de vós, e embora vivam convosco, não vos pertencem. Podeis doar-lhes vosso amor, mas não vossos pensamentos; porque eles têm seus próprios pensamentos. Podeis abrigar seus corpos, mas não suas almas; pois suas almas moram na mansão do amanhã, que vós não podeis visitar nem mesmo em sonho. Podeis esforçar-vos por ser como eles, mas não procureis fazê-los como vós, porque a vida não anda para trás e não se demora com os dias passados. Vós sois os arcos dos quais vossos filhos são arremessados como flechas vivas. O arqueiro mira o alvo na senda do infinito e vos estica com toda a sua força, para que suas flechas se projetem, rápidas e para longe. Que vosso encurvamento na mão do arqueiro seja vossa alegria: pois assim como ele ama a flecha que voa, ama também o arco que permanece estático" (GIBRAN, G.K. *O profeta*. Rio de Janeiro: Record, p. 15-16).

cegos do evangelho já é o grande milagre. Quando o mundo lhes roubou a luz e a estima, eles tiveram a coragem de pedir a Jesus piedade. Sabemos que o lugar dos cegos, coxos, leprosos era o lugar da rejeição, do ficar escondido; eles, mais do que todos, sabiam disso, eram testemunhas vivas desta dor, mas foram para além da dor e tiveram a coragem de dialogar com o mestre. Aqui sobressai a delicadeza de Jesus, eu quero aquilo que vocês acreditam, eu quero aquilo que vocês sonham, eu quero aquilo que ilumina as suas vidas, e eles imediatamente contemplaram a luz. E, embora, fosse-lhes pedido que não contassem a ninguém, saíram dali espalhando ao mundo a luz que haviam recebido.

> Tendo saído os dois cegos, apresentaram a Jesus um mudo endemoninhado. Ele expulsou o demônio, e o mudo começou a falar. O povo, admirado, dizia: "Nunca se viu isso em Israel". Os fariseus, porém, diziam: "É pelo poder do chefe dos demônios que Ele expulsa os demônios".
> Jesus percorria todas as cidades e aldeias ensinando nas sinagogas, pregando o Evangelho do Reino e curando toda enfermidade e doença. Vendo o povo, sentiu compaixão dele porque estava cansado e abatido, como ovelhas sem pastor. Então disse a seus discípulos: "A colheita é grande, mas os trabalhadores são poucos. Pedi, pois, ao dono da colheita que mande trabalhadores para a sua colheita" (Mt 9,32-38).

Agora é um mudo que é apresentado a Jesus, um homem que carregava consigo um demônio que o impedia de falar, uma dor tão absurda que lhe roubara a alegria de falar aos homens, mas Jesus tem compaixão, liberta o homem e deixa a multidão admirada.

Em contrapartida, os religiosos ficam indignados. Os religiosos são aqueles que se julgam donos de Deus e reduzem Deus ao tamanho do seu mundo e da sua *moralidade*, são aqueles que mais *precisam* de conversão, de aprender a olhar o mundo e os homens com misericórdia, piedade e compaixão. E, por isso mesmo, Jesus olha para a multidão e se comove porque muitas vezes são ovelhas sem pastor, perdidas sem luz e sem direção.

Este capítulo nos mostra uma ação passo a passo de Jesus, um dia na vida dele. Começou curando um entrevado, devolvendo a ele os passos que a vida lhe havia roubado; em seguida chama um homem para o seguimento, um homem que tinha muitas coisas, mas perdera o encanto do essencial, estava também preso, não à maca, mas aos estigmas de ser pecador público. Na sequência, mostra a importância da intimidade com Ele e com o pai, sem a qual a vida será um pano velho que não pode ser remendado por pequenas novidades. Depois, Ele devolve a vida e a esperança a uma mulher que durante doze anos fora privada da vida; depois ressuscita uma menina, ainda devolve a visão aos cegos e a palavra ao mudo encantando a multidão. Por fim, recebe a paga, a crítica dos religiosos e, por isso, mostra toda sua ternura para com todas as ovelhas, de todos os tempos, que andam perdidas sem pastor.

Assim foi o dia do Mestre, aquele que nos ama e que ama através de nós. Ele faz bem a todas as coisas, devolve aos homens a intimidade com o Pai.

Rezemos

Deus de amor, de compaixão e misericórdia que nos criastes à vossa imagem e semelhança, ajude-nos a mover o nosso coração em direção ao outro com o mesmo amor, com a mesma compaixão e com a mesma misericórdia para que possamos ser de fato a vossa imagem e a vossa semelhança. Amém.

Segunda ponta da estrela: o discurso missionário

A alegria e a dor do amor

Adélia Prado me ensinou que amor é fonte de alegria e de tristeza, que ele molda o coração da gente e toda a nossa vida, eis uma verdade tão profunda:

O capítulo 10 do Evangelho de Mateus nos convida a refletir sobre a alegria e a dor do amor, a gratuidade de quem se coloca a serviço do Reino, o permitir ser pedra-sabão nãos mãos daquele que é o Senhor de nossa vida.

> Jesus convocou os doze discípulos e deu-lhes poder sobre os espíritos impuros para os expulsarem e para curarem toda enfermidade e doença.
>
> Os nomes dos doze apóstolos são os seguintes: o primeiro, Simão, chamado Pedro, e André, seu irmão; Tiago, filho de Zebedeu, e João, seu irmão; Filipe e Bartolomeu; Tomé e Mateus, o cobrador de impostos; Tiago, filho de Alfeu, e Tadeu; Simão, o Zelotes e Judas Iscariotes, que o traiu.
>
> Estes doze Jesus os enviou, com estas recomendações: "Não sigais pelos caminhos dos pagãos nem entreis em cidade de samaritanos. Ide, antes, às ovelhas perdidas da casa de Israel. Pelo caminho, proclamai que está próximo o Reino dos Céus. Curai os enfermos, ressuscitai os mortos, limpai os leprosos, expulsai os demônios. Recebestes de graça, dai de graça! Não leveis no cinto moedas de ouro, nem de prata, nem de cobre (Mt 10,1-9).

Importante para a gente pensar que Jesus pensou e organizou seus discípulos pensando nas promessas feitas a Abraão, pensando no domínio de Deus aos moldes da comunidade de Israel. Por isso, muito mais do que um número, a totalidade dos doze apóstolos nos remete às doze tribos de Israel, o tempo que se completou, a comunidade que se reúne para que Deus possa se achegar à nossa vida e possa tomar posse de cada um de nós.

Eu sempre penso que, se hoje nós não tornamos presente a missão que Jesus confiou aos doze, é porque há algo errado em nossa forma de viver a fé. Muitas vezes pensamos em uma proposta pragmática, uma experiência de Deus que venha exclusivamente para resolver nossos problemas, mas quando olhamos para a missão de uma Igreja em saída podemos escutar os ecos da mensagem de Jesus: "Curai os doentes, ressuscitai os mortos, purificai os leprosos, expulsai os demônios". Se nós não conseguimos curar os doentes de alma que estão ao nosso redor, se não conseguimos ressuscitar os cadáveres ambulantes que perambulam pela vida sem qualquer sentido, se não conseguimos purificar os leprosos que nos cercam e mesmo as lepras que nos habitam e se, por fim, não conseguimos expulsar os demônios que impedem a alegria de Deus na vida de tantos, então não estamos cumprindo o mandato, não estamos permitindo que o Reino aconteça. Se nos fechamos em uma espiritualidade materialista, de um Deus banqueiro que serve apenas para pagar as nossas dívidas e resolver nossos problemas particulares, com certeza estamos muito distantes do domínio de Deus anunciado por Jesus Cristo, longe demais daquela realidade na qual Deus ama cada um de nós e através de cada um de nós.

E Jesus conclui o envio dizendo claramente "de graça recebestes, de graça devereis dar". Há um belo texto atribuído ao Papa Francisco, embora eu não tenha encontrado a veracidade desta informação, o texto continua belo e nos aponta para esta gratuidade:

> Os rios não bebem sua própria água; as árvores não comem seus próprios frutos. O sol não brilha para si mesmo; e as flores não espalham sua fragrância para si. Viver para os outros é uma regra da natureza. [...] A vida é boa quando você está feliz; mas a vida é muito melhor quando os outros estão felizes por sua causa.

Quando nós permitimos que a luz ilumine a vida dos outros através de nós, estamos cumprindo o mandato de Jesus.

O capítulo continua falando das dores, das perseguições – "Amor é a coisa mais triste". Se observarmos a vida dos profetas, todos eles passaram por tribulações, perseguições, mas permaneceram firmes no propósito de anunciar o amor, a misericórdia e a justiça de Deus.

> Eu vos envio como ovelhas no meio de lobos; sede, pois, prudentes como as serpentes e simples como as pombas.
> Cuidado com os homens. Eles vos entregarão aos tribunais e vos torturarão nas sinagogas. Sereis levados diante dos governadores e dos reis por minha causa; assim dareis testemunho para eles e os pagãos. Quando vos entregarem, não vos preocupeis em saber como ou o que haveis de falar; porque naquela hora vos será inspirado o que deveis dizer. Não sereis vós que falareis, e sim o Espírito do Pai que falará por vós.
> O irmão entregará à morte o irmão; o pai entregará o filho. Os filhos se levantarão contra os pais e os matarão. Todos vos odiarão por causa de meu nome. Mas quem perseverar até o fim será salvo. Quando vos perseguirem numa cidade, fugi para outra. Eu vos garanto que não acabareis de percorrer as cidades de Israel antes que venha o Filho do Homem. O dis-

cípulo não está acima do mestre, nem o escravo acima do patrão. Ao discípulo basta ser como o mestre e ao escravo como o patrão. Se ao chefe da família chamaram de belzebu, quanto mais aos seus familiares (Mt 10,16-25).

Lembro-me de uma história ouvida em uma homilia há muitos anos quando o padre falava sobre o profeta e o comparava a um pernilongo.

Um homem trabalhava no campo, lavrando a terra. Quando chegou a hora do almoço ele sentou-se à sombra de uma árvore e almoçou, logo após a refeição bateu-lhe um sono e ele então fez um colchão de palha e deitou-se para descansar e acabou dormindo. Enquanto dormia uma serpente foi se aproximando; um pernilongo que sobrevoava o local, vendo o homem em perigo decidiu acordá-lo para lhe salvar a vida; começou então a zoar próximo ao ouvido do homem que dormia, mas o homem em um sono avançado não acordou. Então o pernilongo tomou uma decisão drástica, foi até a ponta do nariz do homem e começou a picar com força; o homem então deu um tapa no próprio nariz e acordou com a mão suja de sangue, havia matado o pernilongo, mas quando olhou para o lado viu a serpente e pôde se salvar, embora houvesse matado o pernilongo (história contada pelo Padre Marco Túlio da Paz – Arquidiocese de Mariana).

Muitos profetas morreram e ainda morrem para salvar as vidas, e muitas vezes são mortos por aqueles pelos quais se arriscam, convidando-os ao encontro com a justiça do Reino. E no envio Jesus diz algo muito claro: todas as vezes que nós defendemos a vida Deus fala em nós. Todas as vezes que ressuscitamos o anseio da vida naqueles que se perderam, Deus age em nós, todas as vezes que restauramos corações Deus cura em nós.

Amor é de fato a mola propulsora da vida, às vezes alegre e às vezes triste, mas sempre amor, o *lugar* preferido de Deus se revelar em nós. "Quem não ama não conhece a Deus porque Deus é Amor" (1Jo 4,8).

Rezemos

Deus que nos ama e ama através de nós, ajude-nos a espalhar o seu amor para que o mundo seja mais justo, fraterno e solidário e que, ao sairmos de nós mesmos em direção aos nossos irmãos e irmãs, possamos ser uma página viva do evangelho. Amém.

Decidir-se pelo Reino

Nos capítulos 11 e 12 de Mateus, Jesus continua a falar sobre a dinâmica do Reino. Uma pergunta acompanha todo o evangelho; aliás, acompanha os quatro evangelhos e continua a ressoar entre nós ainda nos dias de hoje: quem é Jesus, de onde Ele é?

> Ao terminar as instruções aos doze discípulos, Jesus partiu dali e foi ensinar e pregar nas cidades deles.
>
> No cárcere, João ouviu falar das obras de Cristo e lhe enviou seus discípulos para lhe perguntarem: "És tu aquele que há de vir ou devemos esperar outro?"
>
> Jesus lhes respondeu: "Ide anunciar a João o que ouvis e vedes: os cegos veem e os coxos andam, os leprosos ficam limpos e os surdos ouvem, os mortos ressuscitam e os pobres são evangelizados. Feliz é aquele que não se escandalizar de mim".
>
> Quando eles foram embora, Jesus começou a falar de João ao povo: "O que fostes ver no deserto? Um caniço agitado pelo vento? Mas, então, o que fostes ver? Um homem bem-vestido? Ora, aqueles que se vestem bem estão nos palácios dos reis. Então, o que fostes ver? Um profeta? Sim, eu vos digo, e mais do que um profeta. Este é de quem está escrito: Eis que eu envio o meu mensageiro à tua frente; ele preparará o teu caminho diante de ti. Eu vos garanto que dentre os nascidos de mulher ninguém é maior do que João Batista. Mas o menor no Reino dos Céus é maior do que ele (Mt 11,1-11).

João Batista levanta a pergunta se Jesus é o Messias. E a resposta que recebe não se dá através de um discurso, mas de algo palpável, daquilo que os sentidos podem captar, perceber. O Cardeal Tolentino em seu livro *A mística do instante* nos aponta para os sentidos que são capazes de captar o instante e no instante a presença e intimidade com Deus. Jesus aponta aqui para os sentidos, principalmente o olhar e o ouvir: digam a João Batista aquilo que vocês veem e ouvem e ele saberá que o céu chegou aos homens, mulheres e homens restaurados, cabeças erguidas, corações purificados. Eis a dinâmica de Deus acontecendo em Jesus. O mandato que Ele havia dado aos discípulos no capítulo anterior, Ele o realiza agora e mostra para os discípulos de João Batista que o céu tocou esta terra, que a unção de Deus chegou ao coração do mundo.

No final do capítulo, Jesus aponta uma condição para que se possa perceber a dinâmica do Reino; a simplicidade de coração, a palavra simples nos remete àquilo que não tem dobras (*simplex* = sem dobras).

> Naquela ocasião, Jesus tomou a palavra e disse: "Eu te louvo, Pai, Senhor do céu e da terra, porque escondeste estas coisas aos sábios e entendidos e as revelaste aos pequeninos. Sim, Pai, porque assim foi do teu agrado. Tudo me foi entregue por meu Pai. Ninguém conhece o Filho senão o Pai, e ninguém conhece o Pai senão o Filho e aquele a quem o Filho o quiser revelar.
> Vinde a mim vós todos, que estais cansados e sobrecarregados, e eu vos darei descanso. Tomai sobre vós o meu jugo e aprendei de mim, que sou manso e humilde de coração, e *achareis descanso para vossas almas.* Pois meu jugo é suave e meu peso é leve" (Mt 11,25-30).

Ao longo da nossa vida vamos acumulando dobras, marcas que trazemos e deixamos naqueles que nos cercam e que, muitas vezes, nos impedem de ver a dinâmica do Reino em nós. Jesus, ao falar dos simples, daqueles que não têm dobras, daqueles que são capazes de perceber o Reino, de entrar na dinâmica do Reino e deixar o Reino acontecer neles, Ele nos convida a confiar, con-fiar, ou seja, colocar o valor da nossa vida nas mãos dele, no projeto dele. Ele sabe dos nossos cansaços e de nossas dores, de nossas lutas e, por isso, nos diz para irmos a Ele, tomarmos sobre nós o projeto e o propósito dele e nele encontraremos descanso, abrigo, uma vida que se renova todos os dias. O Reino dos Céus em nós.

Decidir-se pelo Reino não é tarefa das mais fáceis. Tomar sobre nós o jugo dele e aprender com ele a ter um coração manso e humilde só é possível na intimidade em Jesus e com Jesus, mas, uma vez decidido, temos nele todo o nosso amparo e aliviamos o nosso cansaço e encontramos repouso para o coração; podemos pensar aqui no Sl 23 quando a orante clama: "leve-me para as águas repousantes e para as verdes pastagens, restaura as minhas forças, porque Tu és o meu pastor, o nosso pastor".

No capítulo 12 encontramos o grande embate de Jesus com relação à lei e ao sábado. Sabemos que todo o julgamento de Jesus está inserido no contexto de contraposição à lei e ao templo, e neste capítulo 12 de Mateus podemos rezar claramente o evangelho dentro desta perspectiva.

Começamos o capítulo com Jesus e os discípulos comendo em dia de sábado e Jesus se declarando maior do que o sábado e maior que o templo.

> Certa ocasião, Jesus estava andando por entre as plantações de trigo, num dia de sábado. Com fome, seus discípulos começaram a arrancar espigas e a comê-las. Vendo isso, os fariseus lhe disseram: "Olha!

Teus discípulos fazem o que não é permitido fazer no sábado". Ele, porém, lhes disse: "Não lestes o que fez Davi quando teve fome, ele e os que o acompanhavam? Como entrou na casa de Deus e comeu os pães sagrados que nem a Ele, nem aos que estavam com Ele era permitido comer, mas só aos sacerdotes? Ou não lestes na Lei que, aos sábados, os sacerdotes em serviço no Templo violam o sábado sem se fazerem culpados? Pois eu vos digo: quem está aqui é maior do que o Templo. Se compreendêsseis o que significa: *Quero misericórdia e não sacrifícios* não condenaríeis os inocentes. Porque o Filho do Homem é senhor do sábado" (Mt 12,1-8).

Jesus se coloca claramente como Senhor da Lei e do Templo, causando revolta e indignação aos religiosos. Tal situação o levará à morte; contudo, o que Ele apresenta é o propósito de se colocar a vida, toda vida e cada vida sempre em primeiro plano. Esta proposta que Jesus apresenta frente à vida é essencial em todos os tempos e em especial no nosso tempo, e nos levanta uma questão importante sobre nossos conceitos e valores: qual o lugar e o valor da vida em nossos projetos e sonhos? Às vezes somos tão religiosos no que diz respeito à lei e ao culto e somos, ao mesmo tempo, tão perversos e insensíveis diante da vida que é, para Jesus, o bem maior.

Jesus saiu dali e foi à sinagoga deles. Estava ali um homem com uma das mãos paralisada. Para poderem acusá-lo, fizeram-lhe a seguinte pergunta: "É permitido curar no sábado?" Ele, porém, lhes disse: "Quem de vós, tendo uma ovelha, e caindo ela num poço em dia de sábado, não irá pegá-la e retirá-la de lá? Ora, uma pessoa vale muito mais do que uma ovelha! Portanto, é permitido fazer o bem no sábado".
Então disse ao homem: "Estende a mão". Ele a estendeu e ficou sã como a outra. Os fariseus se reti-

> raram e se reuniram em conselho contra Ele, para
> matá-lo.
> Ao saber disso, Jesus afastou-se dali. Muitos o segui-
> ram e Ele os curou a todos (Mt 12,9-15).

Mais uma vez a vida e a Lei se cruzam e Jesus toma a sua posição em defesa da vida e da restauração do ser humano e, por causa disso, os religiosos saem dali com o projeto de morte, procurando um meio de matar Jesus. Lembro-me de meu Prof. Pudente Lúcio Nery que sempre nos advertia em suas aulas: "a maior dificuldade do mundo é converter um religioso". Nós, os religiosos, somos portadores de muitas *certezas* e muitas *verdades*; por isso, muitas vezes, somos cheios de conceitos e preconceitos e nos fechamos diante da vida. Eis a grande dificuldade que Jesus enfrentou e que talvez enfrente ainda hoje em nossos dias.

No decorrer ainda do capítulo 12 de Mateus, deparamo-nos com questões importantes: quem Ele é e em nome de quem Ele age? Claro que aqueles que se opõem à vida vão menosprezar e até acusar Jesus, dizendo que Ele age em nome de belzebu; mas Jesus rebate-os, mostrando que age em nome de Deus e, por isso mesmo, o domínio de Deus chegou ao coração dos homens e mulheres.

O capítulo 12 termina com um texto especial falando sobre a nova família de Jesus.

> Enquanto Jesus ainda falava ao povo, sua mãe e seus irmãos, do lado de fora, tentavam falar com Ele. Então alguém lhe disse: "Tua mãe e teus irmãos estão lá fora, querendo falar contigo". Jesus, porém, perguntou a quem lhe deu o recado: "Quem é minha mãe e quem são meus irmãos?" E, estendendo a mão sobre os discípulos, disse: "Eis aqui minha mãe e meus irmãos. Pois quem fizer a vontade do meu Pai que está nos céus, este é meu irmão, minha irmã e minha mãe" (Mt 12,46-50).

Jesus amplia claramente o conceito de família dentro do projeto de Deus. A nossa família nuclear nos fecha dentro do mundo de nossas paredes (casas) e perdemos a dimensão do outro como nosso irmão, e fazer a vontade de Deus é claramente reconhecer em cada ser humano um irmão e uma irmã. Dom Helder contava que uma vez foi interpelado por um homem muito simples que procurava emprego; o bispo então ligou para um empresário pedindo que acolhesse um irmão dele que estava desempregado e encaminhou o tal senhor para a empresa; o empresário percebeu que aquele homem não era irmão do bispo e retornou a ligação a Dom Helder, que o fez entender a família como projeto de Deus. Todos aqueles que fazem a vontade de Deus, todos aqueles que erguem a vida são irmãos e irmãs de Jesus, e o pobre homem conseguiu o emprego de que tanto precisava.

Curiosa ainda a lição de simplicidade de Maria no texto. Segundo a tradição católica, ela sempre foi e é santa, e, por isso mesmo, ela foi aprendendo a dinâmica do Reino. Ela estava do lado de fora, querendo ver Jesus, falar com Ele, e ali alargou ainda mais seu coração de serva fiel, lembrando de seu encontro com o anjo: "Eis aqui a serva do Senhor, faça-se em mim segundo a sua Palavra" (Lc 1,38). Agora ela entra na comunidade de Jesus para ser a mãe de todos aqueles e aquelas que fazem a vontade de Deus, missão confirmada aos pés da cruz quando Jesus olhou para ela e para o discípulo amado (todo discípulo que faz a vontade de Deus é o discípulo amado) e lhe disse: "Eis aí seu filho" e depois Jesus disse ao discípulo: "Eis aí sua mãe" (Jo 19,26-27).

Todo aquele e aquela que se decidem pelo Reino se tornam membros da grande família de Jesus.

Rezemos

Amado Pai, que possamos ver e ouvir o que viram e ouviram os discípulos de João quando interrogaram seu Filho se Ele era o Messias, e que possamos também levar ao mundo o nosso testemunho deste amor infinito. Amém.

Terceira ponta da estrela: as parábolas do Reino

Parábolas do Reino: o semeador

Todo o capítulo 13 do Evangelho de Mateus é constituído de parábolas, esta forma de falar que Jesus usava e que "enchia o coração de quem o escutava"[5]; por isso, ao dar título ao nosso livro, quisemos ressaltar as parábolas como uma das muitas formas do amor infinito de Deus.

> Naquele dia, Jesus saiu de casa e sentou-se junto ao mar. Reuniu-se em volta dele tanta gente, que Ele teve de entrar num barco para sentar-se, enquanto a multidão ficou na praia. Falou-lhes então muitas coisas em parábolas: "O semeador saiu a semear. Ao semear, uma parte caiu à beira do caminho. Vieram os pássaros e a comeram. Outra parte caiu em terreno pedregoso, onde não havia muita terra, e logo germinou porque a terra não era profunda. Mas, quando o sol se levantou, ficou queimada e, como não tinha raízes, secou. Outra parte caiu no meio dos espinhos; os espinhos cresceram e a sufocaram. Outra parte caiu em terra boa e deu frutos, umas cem, outra sessenta, outras trinta. Quem tiver ouvidos, que ouça".
>
> Os discípulos aproximaram-se e lhe perguntaram: "Por que lhes falas em parábolas?" Jesus respondeu: "Porque a vós foi dado conhecer os mistérios do Reino dos Céus, mas a eles não. A quem tem será dado,

---

5 Frase de uma canção de Padre Zezinho (*Um certo galileu*).

e terá em abundância; mas de quem não tem será tirado até mesmo o que tem. É por isso que lhes falo em parábolas: porque, olhando, não enxergam e, ouvindo, não ouvem nem compreendem. Neles se cumpre a profecia de Isaías, que diz: *Ouvireis com os ouvidos e não compreendereis, olhareis com os olhos e não enxergareis, porque o coração deste povo se endureceu, ouviram mal com os ouvidos e taparam os olhos, para não suceder que vejam com os olhos, ouçam com os ouvidos, entendam com o coração e se convertam, e assim eu os cure.* Mas vossos olhos são felizes porque veem, e vossos ouvidos, porque ouvem! Pois eu vos digo: Muitos profetas e justos desejaram ver o que vós vedes e não viram, e ouvir o que ouvis e não ouviram.

Ouvi, portanto, a Parábola do Semeador. Quando alguém ouve a palavra do Reino e não a entende, chega o maligno e arranca o que lhe foi semeado no coração: é o que foi semeado junto ao caminho. O que foi semeado em terreno pedregoso é aquele que ouve a palavra e logo a recebe com alegria; mas não tem raízes; é inconstante: surgindo uma tribulação ou perseguição por causa da palavra, logo fraqueja. O que foi semeado entre espinhos representa quem ouve a palavra, mas as preocupações do mundo e a sedução das riquezas a sufocam e a tornam estéril. O que foi semeado em terra boa é quem ouve a palavra e a entende e dá frutos: uns cem, outros sessenta, outros trinta" (Mt 13,1-23).

A primeira coisa para a qual quero chamar a atenção é o lugar onde Jesus estava ao contar as parábolas, ou seja, às margens do Mar da Galileia. Para judeus e muçulmanos o Mar da Galileia é um lugar ímpar, de uma beleza que lhes enche os olhos, a ponto de o chamarem de o mar jardim, o olhar de Deus; pois bem, é nesse lugar, mar jardim – vale aqui lembrar a primeira parábola do poema sagrado, segundo a qual a primeira obra de Deus foi um jardim –, que

Jesus vai falar aos homens com o olhar e o coração cheios de Deus.

A primeira parábola nos fala da esperança do semeador. Claro que o semeador conhece o terreno onde lança a semente; lógico que não perderia tempo em jogar sementes na estrada seca e nem no meio das pedras, mas a beleza da parábola está aqui, Jesus fala da nossa vida. E nós, muitas vezes, estamos tão secos como beira de caminho que a palavra (semente) não consegue nos atingir e fica exposta aos passarinhos.

Outras vezes, são tantas pedras e aridez em nossa alma, os desertos que nós enfrentamos e que fazem com que somente a pessoa saiba o que vale a sua vida, como um verso simples e profundo: "só quem carrega o peso do balde sabe o valor de cada gota de água". Assim as pedras e o deserto não deixam as sementes fincarem raízes e o sol vem secar e roubar a vida de nossas semeaduras.

Outras vezes as sementes caem entre os espinhos; todos os dias somos afetados por muitos deles, frustrações, decepções, medos, revoltas, quedas e tantas outras formas de ferir nossa alma; tantas e tantas situações que nos sufocam, assim como os espinhos que crescem mais do que as sementes e fazem com que elas morram sem produzir qualquer coisa.

Mas o semeador é cheio de sonhos, de esperanças, lembro-me aqui de uma canção magnífica de Gilberto Gil, na qual ele diz que se os frutos da terra não são tão doces e se o solo é duro demais, precisamos aprender a voar com as estrelas, amarrar o nosso arado no infinito para sermos lavradores dos astros, porque "quanto mais longe da terra, tanto mais longe de Deus".

A beleza da parábola-canção nos ensina que não podemos perder os sonhos, não podemos perder a esperança; tampouco podemos fugir da nossa realidade, porque negar o humano e se afastar dele é a maneira mais fácil de negar o divino e se afastar de Deus; quanto mais longe das alegrias e das dores do ser humano, tanto mais longe de Deus.

Por isso, a riqueza da Parábola do Semeador contada por Jesus. O semeador que não foge do ser humano, não foge da nossa realidade, que conhece os muitos desafios que nos habitam e nos fazem ser muitas vezes beira de caminho; outras tantas pedras que não deixam fincar raízes, outras vezes ainda terreno espinhoso, mas Deus conhece a nossa verdade e espera com paciência e amor. Como a mãe de Tobias que o esperava na estrada todos os dias[6], Jesus está no mar jardim e lança sobre nós o olhar de Deus que viu que tudo era muito bom[7]. Nós somos o terreno bom de Deus, capazes de produzir frutos: trinta, sessenta e cem por um; precisamos sempre nos colocar à disposição do amor divino e oferecer o melhor. Ao invés de dizermos "vou ver o que posso fazer", poderemos afirmar: "vou fazer o melhor que eu puder". Como em uma singela história que diz que certa tarde o sol se punha garboso no céu e perguntava: "e agora, quem vai iluminar os homens?", e lá no fundo do sertão, em uma casa simples, disse uma lamparina: "eu vou dar o melhor de mim".

O semeador Jesus conhece a terra que somos e confia em nós para que sejamos canais do seu amor e possamos produzir flores e frutos para a alegria do mundo.

---

6 Ana ia todos os dias assentar-se perto do caminho, no cimo de uma colina, de onde podia ver ao longe. Ela espreitava ali a volta de seu filho, quando o viu de longe que voltava e o reconheceu (Tb 11,5).

7 O relato do Gênesis diz que Deus viu que tudo era muito bom após ter criado o homem e a mulher à sua imagem e semelhança (Gn 1,31).

Rezemos

Deus de amor e ternura que confia em nós, mesmo quando nosso coração é beira de estrada, terreno de pedras ou espinhos, converte-nos em terra boa para que a tua graça produza frutos em nós para bem do mundo. Amém.

O joio e o trigo

O poeta Mario Quintana me ensinou que "o segredo não é correr atrás das borboletas, mas cuidar dos jardins para que elas venham até você". A minha vida e a vida de cada ser humano são compostas de um grande jardim; talvez, por isso, o poema sagrado comece com a ideia de um jardineiro plantando um jardim e colocando no meio dele a flor mais preciosa que é a nossa vida. Há muitos que não têm paciência e não querem esperar o fruto amadurecer, matando árvore e jardim. Por isso, na outra árvore, a da cruz, nós encontramos Jesus, fruto maduro do amor do Pai que se oferece como alimento para todos.

Depois de explicar a Parábola do Semeador, Jesus conta ainda outra parábola ligada à plantação.

> Jesus lhes propôs outra parábola: "O Reino dos Céus é semelhante a um homem que semeou boa semente em seu campo. Mas, enquanto todos dormiam, veio seu inimigo, semeou uma erva daninha, chamada joio, entre o trigo e foi embora. Quando o trigo germinou e fez a espiga, apareceu também o joio. Então os escravos do proprietário foram dizer-lhe: 'Senhor, não semeaste semente boa em teu campo? Donde vem, pois, o joio?' Ele respondeu: 'Foi um inimigo que fez isso'. Os escravos lhe perguntaram: 'Queres que vamos arrancá-lo?' Ele respondeu: 'Não, para que não aconteça que, ao arrancar o joio, arranqueis também o trigo. Deixai que os dois cresçam juntos até à colheita. No tempo da colheita

direi aos que cortam o trigo: colhei primeiro o joio e atai-o em feixes para queimar; depois, recolhei o trigo no meu celeiro'" (Mt 13,24-30).

O poeta Mario Quintana me ensinou também que "um belo poema é aquele que nos dá a impressão de que está lendo a gente e não a gente a ele"; desta forma, as parábolas de Jesus nos pedem licença para lerem a nossa alma, lembrando sempre que a Bíblia "foi escrita com palavras que sonham"[8], para lerem nossos sonhos, nossos medos. E assim na interação Palavra que nós lemos e Palavra que nos lê, vamos nos permitindo ser tocados pelo olhar de Deus às margens do mar jardim, na Galileia que é a nossa própria alma.

Assim sendo, é interessante a gente poder rezar com Jesus esta parábola e pensar na vida de cada um de nós como era o desejo do Mestre ao contar suas histórias, deixando que tais histórias entrem na vida da gente da mesma forma que a gente se sinta protagonista delas.

Nós somos a plantação especial de Deus. Ele nos plantou jardim, trigo, festa, partilha, amor e pão, mas deixamos crescer dentro de nós, nas noites escuras, o joio, o medo, a dor, a indiferença e o preconceito, quase a ponto de nos confundir e nos identificar com aquilo que não somos, e quando nos damos conta o joio e o trigo cresceram juntos dentro de nós.

Ouvi, certa vez, que um menino, sentado ao colo do avô, fitou-lhe o olhar e perguntou: "vô, por que os homens vivem em guerra, semeiam o ódio e a morte?" O avô com carinho disse ao neto: "dentro de mim há dois lobos, um é manso, terno e gentil; o outro é perverso, sanguinário e covarde, e os dois vivem em uma luta infinita". O menino, ainda sem entender muito, perguntou ao avô: "e qual deles vence a

---

8 Frase linda de José Tolentino em seu livro *A leitura infinita*.

luta?", ao que o avô respondeu com ternura e paz: "aquele que eu alimento mais".

Trazemos muitas histórias na nossa alma, a parábola é muito precisa; dentro de nós crescem joio e trigo, não dá para arrancar um com o risco de fazer perder o outro, mas podemos alimentar mais aquele que entendemos ser o melhor.

Em seu belo livro *Espiritualidade a partir de si mesmo*, Anselm Grün e Meinrad Dufner[9] nos mostram como buscar o caminho da alegria de Deus enfrentando as tempestades da nossa alma, dialogando com o joio e o trigo que nos habitam.

Quando os operários perguntam ao patrão se Ele quer que o joio seja arrancado, o patrão manifesta, mais uma vez, a paciência e a esperança, e ainda a misericórdia. Deixem crescer juntos; na verdade, não há como separar o que somos, sombra e luz, silêncio e som. Como nos faz pensar o Profeta Isaías, não dá para separar os bichos que moram dentro de nós, mas é preciso achar um caminho para que eles possam conviver em harmonia[10].

E quando chegar o tempo da colheita as coisas serão colocadas nos seus devidos lugares, o joio queimará como palha no fogo e o trigo será transformado em pão, metáfora bonita do amor. O trigo será dado como alimento, nós somos o ali-

---

9 *Espiritualidade a partir de si mesmo* é publicado pela Editora Vozes e, para mim, é um dos livros mais profundos sobre a espiritualidade.

10 Com a narrativa sobre a esperança do Messias, o Profeta Isaías nos traz um belíssimo texto que nos apresenta a harmonia entre os animais, a harmonia entre os bichos que nos habitam. "Então o lobo será hóspede do cordeiro, a pantera se deitará ao pé do cabrito, o touro e o leão comerão juntos, e um menino pequeno os conduzirá; a vaca e o urso se fraternizarão, suas crias repousarão juntas, e o leão comerá palha com o boi" (Is 11,6-7), e o profeta repete uma segunda vez o seu sonho no capítulo 65: O lobo e o cordeiro pastarão juntos, o leão, como um boi, se alimentará de palha, e a serpente comerá terra. Nenhum mal nem desordem alguma será cometida, em todo o meu monte santo, diz o Senhor.

mento que Deus oferece ao mundo, Ele nos ama e ama através de cada um de nós, como nos ensina a canção: "o amor é como um grão; morre e nasce trigo, vive e morre pão"[11].

Há o fogo do inferno onde haverá choro e ranger de dentes e onde serão queimados o mal e a morte, e há o fogo do Espírito Santo que nos transforma, faz arder o amor, nos permite ser de novo a cada dia e deixar o amor se fazer alimento em nós.

Há um texto muito interessante narrado por Lucas no capítulo 8 que nos apresenta um homem que carregava o inferno e a morte dentro de si, vivia nos cemitérios e nos desertos, habitava uma imensa noite maldita; e quando se deparou com Jesus houve um choque, mas Jesus lhe perguntou qual o nome ele carregava e o homem respondeu: "Legião", ou seja, os demônios o habitavam, mas Jesus repreendeu a legião que pediu para ser jogada no abismo e assim se deu. O abismo, o inferno, é o lugar das legiões; o homem e a mulher, criados à imagem e semelhança de Deus, foram criados para os jardins.

Assim, o joio será queimado enquanto a nossa verdade será apresentada, mas podemos perguntar qual o nome do nosso joio, conversar com nossas dores, frustrações, medos, com as nossas enfermidades físicas de todas as espécies; para que assim possamos colocá-los em seus devidos lugares e deixar a graça de Deus habitar em sua morada predileta.

Lembro-me aqui de minha irmã, Ana Maria, que sempre teve sérios atritos com seus bichos, sempre teve sonhos de águia e muitos medos, uma metáfora perfeita de joio e trigo, mas aos 53 anos contraiu um câncer e aprendeu a se libertar das gaiolas, aprendeu a conversar com os muitos seres

---

11 *Drão*, canção de Gilberto Gil.

que a habitavam, partiu tão jovem, mas nunca brigou com a doença. Eu sempre dizia: "tenho 13 irmãos, todos vivos graças a Deus"; hoje continuo a dizer: "tenho 13 irmãos, todos vivos, uma virou céu".

Rezemos

Deus que nos criastes para vós e conhece o terreno que nós somos e tudo aquilo que cresce em nós, queima no teu amor todo o joio para que, transformados pelo teu Espírito, possamos nos tornar pão para alimentar o mundo com a vossa ternura. Amém.

Ainda contando histórias

O Papa Gregório Magno defendia que a escritura cresce com quem a lê. Assim temos a oportunidade de deixar a palavra crescer em nós e, assim, nós nos tornamos ainda maiores.

Os mestres judaicos do Antigo Testamento mantinham "a convicção de que, para cada passo da Torá, existiam quarenta e nove possibilidades de interpretação. Quarenta e nove é o resultado da multiplicação de sete por sete e sete é o símbolo do infinito"[12]; assim sendo, podemos acreditar que a leitura da Bíblia, e em especial a leitura e oração das parábolas, nos abrem um leque infinito.

Jesus continua a falar em parábolas para que os iniciados possam entender e alargar os horizontes, enquanto os que estão fora do caminho não conseguem penetrar na dinâmica infinita que Ele lhes propõe.

> Em seguida, propôs-lhes outra parábola: O Reino dos Céus é comparado a um grão de mostarda que um homem toma e semeia em seu campo. É esta a menor de todas as sementes; mas, quando cresce, torna-se um arbusto maior do que todas as hortaliças, de sorte que os pássaros vêm aninhar-se em seus ramos. Disse-lhes, por fim, esta outra parábola. O Reino dos Céus é comparado ao fermento que uma mulher toma e mistura em três medidas de farinha e que faz fermentar toda a massa. Tudo isto disse Jesus à multidão em forma de parábola. De outro modo não lhe falava,

---

12 TOLENTINO. J.M. *A leitura infinita*. São Paulo: Paulinas, 2015, p. 17.

para que se cumprisse a profecia: Abrirei a boca para ensinar em parábolas; revelarei coisas ocultas desde a criação (Sl 77,2; Mt 13,31-35).

O Reino dos Céus é também semelhante a um tesouro escondido num campo. Um homem o encontra, mas o esconde de novo. E, cheio de alegria, vai, vende tudo o que tem para comprar aquele campo. O Reino dos Céus é ainda semelhante a um negociante que procura pérolas preciosas. Encontrando uma de grande valor, vai, vende tudo o que possui e a compra. O Reino dos Céus é semelhante ainda a uma rede que, jogada ao mar, recolhe peixes de toda espécie. Quando está repleta, os pescadores puxam-na para a praia, sentam-se e separam nos cestos o que é bom e jogam fora o que não presta. Assim será no fim do mundo: os anjos virão separar os maus do meio dos justos e os arrojarão na fornalha, onde haverá choro e ranger de dentes. Compreendestes tudo isto? Sim, Senhor, responderam eles. Por isso, todo escriba instruído nas coisas do Reino dos Céus é comparado a um pai de família que tira de seu tesouro coisas novas e velhas (Mt 13,45-52).

Importante sabermos que as parábolas de Jesus são em si mesmas um convite para o discipulado, para a opção pelo Reino, para que o domínio de Deus se estabeleça em nossas vidas.

O grão de mostarda, semente pequena, frágil, mas quando acolhida no coração do discípulo vai crescendo e transforma-lhe a vida e o permite tomar parte da grandeza do Reino.

Fernando Pessoa em um belo poema dizia: "para ser grande, sê inteiro, nada teu exagera ou exclui; sê todo em cada coisa, põe quanto és no mínimo que fazes, assim em cada lago a lua inteira brilha, porque alta vive". Se olharmos para os seguidores de Jesus, nós iremos perceber que todos eram limitados, mas se permitiram tocar pela graça de Deus e se tornaram grandes e, se nos ativermos aos grandes homens e mulheres do Antigo Testamento, iremos perceber que também eles eram cheios de medos e limites e, no entanto, com eles e neles Deus fez a história do seu povo. Portanto, não é o limite que nos impede de deixar Deus amar através de nós e construir a história, mas o fechamento em nós mesmos; o medo pode ser nosso aliado tantas vezes se, apesar dele, dermos passos com a confiança em Deus, mas se nos prendemos a ele (medo) nos tornaremos entrevados, a semente não germinará e o Reino não acontecerá em nós. Deus é providente, participa da nossa história, mas não faz a história para nós.

A mulher que pega o fermento e o põe nas três medidas de farinha nos remete ao nosso pai na fé, àquele que, mesmo com toda a fragilidade, creu contra toda a humana esperança; pois ele, ao receber a visita dos três anjos no cansaço do meio-dia e da vida, mandou Sara misturar três medidas de farinha e cozer os pães da acolhida. O texto é magnífico e acho que vale a pena partilhar aqui.

> Depois o Senhor apareceu a Abraão junto ao carvalho de Mambré. Abraão estava sentado à entrada da tenda, no maior calor do dia. Levantando os olhos, viu parados perto dele três homens. Assim que os viu, saiu correndo a seu encontro e se prostrou por terra. Disse assim: "Meu senhor, se ganhei a tua amizade, peço-te que não prossigas viagem sem parar junto ao teu servo. Mandarei trazer um pouco de água para lavar vossos pés e descansareis debaixo da árvore. Trarei um pouco de pão para refazerdes as forças antes de prosseguir viagem; pois foi para isso mesmo que vos aproximardes de vosso servo". Eles responderam: "Faze como disseste". Solícito, Abraão entrou na tenda onde estava Sara e lhe disse: "pega depressa três medidas da mais fina farinha, amassa uns pães e assa-os". Depois Abraão correu até o rebanho, agarrou um bezerro bem bonito e o entregou a um criado para prepará-lo sem demora. A seguir

buscou coalhada, leite, o bezerro assado e pôs tudo diante deles. De pé junto deles, servia-os debaixo da árvore, enquanto comiam (Gn 18,1-8).

O cansaço do maior calor do dia não permitiu a Abraão se fechar ao mistério que lhe visitava. Ele ofereceu o melhor que tinha, se deu inteiro, foi ele mesmo o fermento na massa, fez a diferença. O texto segue dizendo que os anjos prometeram a Sara e a Abraão a realização do maior sonho que eles acalentavam, a alegria de um filho.

Onde estão os nossos carvalhos de Mambré? Onde moram os nossos cansaços? Não podemos ter desculpas para não cozer os pães, não podemos nos furtar à acolhida do mistério, nem fechar o nosso coração à vida que é sempre dom de Deus. Carregamos muitos cansaços, o sol da existência muitas vezes é forte demais; mas ali mesmo, à sombra dos carvalhos, somos convidados a dar o melhor de nós, sermos o fermento que muda tudo e permite que o Reino aconteça ao nosso redor.

Importante ainda notar que as parábolas de crescimento: joio e trigo, grão de mostarda, fermento, crescimento da semente dão a Jesus a oportunidade de descrever o crescimento inexorável do domínio de Deus, mas também a pequenez assustadora e oculta de seu começo, e, mais ainda, o grande poder dos inimigos que ameaçam a obra de Deus do começo até o fim[13]. Será sempre uma batalha travada a cada dia.

Depois Jesus despediu as multidões e, a sós com seus discípulos, explicou-lhes a Parábola do Joio e contou ainda mais três parábolas na intimidade que os cercava: o tesouro escondido, a pérola e a rede lançada ao mar.

---

13 LOHFINK, G. *Jesus de Nazaré*: O que Ele queria? Quem Ele era? Petrópolis: Vozes, 2015.

O Reino é como um tesouro escondido no campo, imagem magnífica para falar das coisas de Deus, o Deus que se revela e se vela em cada um de nós, o Deus que será sempre um mistério de amor.

O estudioso da vida de São Francisco de Assis, Anton Rotzetter, falou-me sobre este velar de Deus e do homem com muita propriedade.

> Conta-se que Francisco andava errando por dias e dias, repetindo para si mesmo estas palavras: "quem és tu, ó Deus, e quem sou eu, mísero homem?" Creio que são duas questões as quais não conseguimos dar uma resposta no arco de uma vida. A pergunta: quem é Deus? Quem acredita saber, já está no erro. Um Deus fácil de se compreender, aos nossos olhos, não é mais Deus. Deus permanece sempre um mistério. A pergunta: quem sou eu? Quem crê saber é arrogante, autoritário. Um homem que se compreende, que acredita poder manejar a si mesmo, não é mais um homem. O homem permanece um mistério de si mesmo (ROTZETTER, 1990: 41).

Às vezes vejo pessoas tão autossuficientes no falar das coisas de Deus que me pergunto se de fato viveram uma experiência do absoluto? Outras vezes falando de si mesmas com tanta propriedade que me indago se são verdadeiras.

O fato é que a imagem do tesouro tem muito a nos dizer. "Jesus nos mostra que o tesouro, o nosso próprio eu, a imagem que Deus faz em nós, pode ser encontrado precisamente no campo, na terra, na lama. Temos primeiro que sujar as mãos, temos que cavar a terra se quisermos encontrar o tesouro que existe em nós"[14]. Jesus desafia os seus discípulos e a nós a buscar, nas nossas fragilidades, a força do seu

---

14 GRÜN, A. & DUFNER, M. *Espiritualidade a partir de si mesmo*. Petrópolis: Vozes, 2014.

projeto, no barro que nós somos (*Adam* e *adamah* – homem e terra, como nos sugere poema sagrado da criação, ou ainda *basar* e *nefesh* [terra fértil e sopro divino]).

Ainda na parábola há algo maravilhoso que nos convida a pensar sobre a vida a cada dia, nos seus encontros e desencontros, pois o homem que encontrou o seu tesouro no barro não o manteve escondido esperando o fim da vida e/ou a vida após a morte, mas o manteve escondido enquanto se dispunha de tudo para poder assumir o novo em sua história, o Reino.

Na mesma dimensão do tesouro escondido no campo, Jesus conta a Parábola da Pérola, ou do mercador em busca te tal preciosidade.

O teólogo e poeta Rubem Alves[15] disse que ostra feliz não faz pérolas[16], e ousou contar em uma espécie de autobiografia que tudo deu errado na vida dele, por isso ele se tornou o ser humano que se tornou, teólogo, psicólogo, professor, pastor protestante e poeta.

Ao contar a Parábola da Pérola, Jesus nos ensina que a vida não será a bem-aventurança da prosperidade, nem o bem-estar da "teologia *coach*" e nem a segurança da retribuição, mas a delícia de se haver com suas angústias e medos e produzir suas próprias pérolas.

E Mateus encerra o capítulo 13 do seu evangelho com Jesus contando a Parábola da Rede Lançada ao Mar e que pesca uma enormidade de peixes e eles são escolhidos, uns acolhidos e outros descartados. A nossa vida é uma rede lançada ao mar; nela encontramos uma diversidade imensa

---

15 ALVES. R. *Ostra feliz não faz pérola*. São Paulo: Planeta, 2008.

16 Ele conta a história de uma ostra que por causa de uma areia que a feria produziu pérolas, uma parábola moderna sobre as angústias da vida e a descoberta de si mesmo.

de fatos, marcas, conquistas, e cabe a nós, a cada dia, nos colocarmos nas margens do nosso mar e escolhermos os peixes que nos tornam inteiros. Não é tarefa fácil, pois o tesouro está no barro, a pérola está nas feridas da ostra, a vida está na própria vida e na vida o Reino acontece.

Rezemos

Permita-nos, ó Pai, deixar todas as ilusões e fantasias para buscar a pérola e o tesouro que o teu amor nos oferece todos os dias e, assim, possamos com alegria viver na tua intimidade refletindo o brilho deste amor infinito. Amém.

Os dois banquetes, as duas festas

O capítulo 14 do Evangelho de Mateus nos traz duas festas, dois banquetes. Porém, a finalidade das festas é bem diversa uma da outra, pois de um lado se celebra a morte, o banquete da morte; e, de outro, celebra-se a vida, o banquete de Israel.

> Naquela mesma ocasião, chegaram ao tetrarca Herodes notícias sobre Jesus. E ele disse aos seus servidores: "Ele é João Batista, que ressuscitou dos mortos. É por isso que nele age um poder milagroso". É que Herodes tinha mandado prender João e metê-lo acorrentado na cadeia, por causa de Herodíades, mulher de seu irmão Filipe. Com efeito, João lhe dizia: "Não te é permitido viver com ela". Herodes queria matar João, mas tinha medo do povo que o considerava profeta. No dia do aniversário de Herodes, a filha de Herodíades dançou diante de todos e agradou tanto a Herodes que ele prometeu, jurando, dar-lhe tudo quanto pedisse. E ela, instigada pela mãe, lhe disse: "Dá-me agora mesmo, numa bandeja, a cabeça de João Batista". O rei ficou triste, mas devido ao juramento e à presença dos convidados, ordenou que lhe dessem a cabeça. Mandou, pois, degolar João na cadeia. Sua cabeça foi trazida numa bandeja e dada à jovem, que a levou à sua mãe. Os discípulos de João vieram pegar o corpo e o sepultaram; depois, foram dar a notícia a Jesus. Ao saber disso, Jesus retirou-se

dali, num barco, para um lugar deserto e afastado. Mas o povo soube e o seguiu das cidades a pé. Ao desembarcar, viu uma grande multidão de povo e, sentindo compaixão, curou os seus enfermos. Ao cair da tarde, aproximaram-se dele os discípulos e disseram: "O lugar aqui é deserto e já passou da hora. Despede o povo para que possa ir aos povoados comprar alimentos". Mas Jesus lhes respondeu: "Não há necessidade de eles irem embora. Dai-lhes vós mesmos de comer". Eles, porém, disseram: "Não temos aqui senão cinco pães e dois peixes". Ele falou: "Trazei-os para cá". Mandou a multidão sentar-se na grama. Depois tomou os cinco pães e os dois peixes, levantou os olhos para o céu e rezou a bênção; partiu então os pães, deu-os aos discípulos, e estes à multidão. Todos comeram e ficaram saciados. E dos pedaços que sobraram recolheram doze cestos cheios. Os que comeram eram cerca de 5 mil homens, sem contar as mulheres e as crianças (Mt 14,1-21).

O texto começa com uma interrogação feita pela parte de Herodes: quem é Jesus? Aliás, todo o evangelho é perpassado por esta questão e ainda hoje a pergunta continua a ecoar. Quem é Jesus?

Herodes sabia que Jesus não era João, pois ele mesmo o havia matado. Na "antifesta" de Herodes celebrou-se a morte, cultuou-se o extermínio de um justo. O texto de Mateus nos mostra que Herodes sabia que João era justo e amado pelo povo, que via nele a presença de Deus; contudo, a vaidade de Herodes falou mais alto e, para não perder sua "credibilidade", foi capaz de mandar decapitar João Batista.

Uma pergunta pode ecoar ainda hoje em nossos corações, se nos atentarmos às propostas de João Batista e nos perguntar por que o mundo não foi capaz de suportá-lo? E ainda se não foi capaz de acolher João, será possível ainda acolher Jesus?

João fazia a seguinte proposta:

> As multidões lhe perguntavam: O que devemos fazer? Ele respondia: Quem tem duas túnicas dê uma ao que não tem nenhuma; e o mesmo faça quem tiver alimentos. Vieram para batizar-se também os cobradores de impostos, e lhe diziam: Mestre, o que devemos fazer? Ele respondeu: Não cobreis mais do que a taxa fixada. Perguntavam-lhe também os soldados: E nós, o que devemos fazer? E ele respondeu: Não pratiqueis torturas nem chantagens contra ninguém, e contentai-vos com o vosso soldo (Lc 3,10-14).

O mundo não foi capaz de aceitar a proposta de justiça de João, de aplainar as veredas, de fazer a partilha. Como será capaz de suportar Jesus que pede algo além. "Se queres ser perfeito, vai, vende teus bens, dá-os aos pobres e terás um tesouro no céu. Depois, vem e segue-me!" (Mt 19,21). Se não suportamos a justiça, como será difícil suportar o amor.

No banquete de Herodes celebrou-se a morte. João Batista foi decapitado, mas Mateus nos coloca em seguida outro banquete. Jesus tinha acabado de ensinar as multidões e elas o seguiam. O povo tem fome de palavra, de sonhos, e Jesus fazia isso ao coração dos homens, arrancava-os de suas misérias e os fazia sentir a beleza para a qual foram criados; fazia-os sentirem-se livres de todas as angústias e serem, por instantes, a presença suave de Deus neste mundo.

Mas Jesus não os fazia apenas sonhar, Ele não falava (fala) para anjos, mas para homens e mulheres reais que enfrentam todos os dias os inúmeros desafios da vida com suas dores e alegrias; Ele bem sabia que falar que Deus é bom não muda nada, por mais que seja belo, mas é preciso mostrar também a justiça e o amor de Deus.

Então Ele promoveu a festa, banquete da vida ao multiplicar os pães e fazer com que todo Israel pudesse se alimentar. Nós sabemos que este primeiro banquete é para Israel em função do número de cestos que sobraram, doze (doze tribos, doze colunas do Templo, doze apóstolos).

Mateus mostra o olhar de Jesus pleno de compaixão, o Deus que vem até nós e sofre as nossas paixões, as nossas dores, o rosto compassivo de Deus revelado em Jesus na vida de um povo a caminho, povo que tem muitas fomes e imensas sedes.

Em que festa nós queremos entrar, de qual banquete queremos participar? É uma pergunta que se faz todos os dias.

Depois de multiplicar os pães e alimentar as multidões de Israel, Jesus subiu à sua solidão, à sua intimidade para a oração, para estar com o AMADO, falar com o Pai. Um diálogo profundo que se estendeu por horas enquanto os discípulos enfrentavam o mar; de madrugada foi até eles, que já estavam cheios de medo por causa da tempestade e mais medo ainda ao verem o domínio de Jesus sobre todas as coisas. Pedro desejou ir até Jesus, mas teve medo e pediu socorro. Nós somos cheios de desejos, mas, de fato, não podemos atravessar o mar sem a presença dele (Jesus), sem suas mãos a nos sustentar nos mares bravios da travessia, nas noites escuras da alma, nas tempestades do coração. Ele nos convida a ser suas mãos e coragem para tantos que sentem medo e solidão e dor.

Ele nos alimenta, nos convida a ser alimento. Ele nos ama, nos convida a ser instrumentos do seu amor. Uma imagem usada por Paulo que pode nos ajudar: "somos plantação de Deus, construção de Deus" (1Cor 3,9); plantação para ser alimento, construção para ser acolhida, somos um traço da delicadeza e do amor de Deus neste mundo.

Rezemos

Deus de amor e bondade, que em teu Filho Jesus nos deixaste o pão da Eucaristia para que pudéssemos compreender que a tua graça se faz presente na partilha, liberta-nos de todo egoísmo para que possamos cada vez mais celebrar verdadeiramente o teu amor matando a fome daqueles que nada têm. Amém.

Um amor que se estende ao infinito

Se no capítulo anterior percebemos que há sempre banquetes para serem escolhidos e que a sobra dos doze cestos nos permitira ver Jesus atendendo aos anseios de Israel, é muito interessante a continuidade do texto. Agora, no capítulo 15 de Mateus, ao nos darmos conta que ele escreveu para uma comunidade de cristãos de origem judaica, e a todo tempo mostrou que Jesus veio para as ovelhas perdidas da casa de Israel; mas aos poucos os horizontes foram se alargando e, ao encontrar com uma mulher estrangeira, Jesus expandiu seu coração e o domínio de Deus ao dar à mulher a resposta pela fé que ela professou.

Mas antes de entrarmos no texto que fala do encontro de Jesus com a mulher que será acolhida por Ele pela força da fé, é preciso falar que o capítulo 15 de Mateus começa com Jesus criticando a hipocrisia dos seus irmãos de fé, aqueles que conhecem tudo e, por conhecerem, acabam por deturpar e desprezam o que realmente é valioso e santo.

Depois de repreender então os religiosos de seu tempo, Ele se encontra com a mulher sírio-fenícia.

> Jesus saiu dali e retirou-se para os arredores das cidades de Tiro e Sidônia. De repente, uma mulher cananeia, que vinha daquela região, começou a gritar: "Senhor, Filho de Davi, tem piedade de mim! Minha filha está sendo terrivelmente atormentada pelo demônio". Mas Ele não lhe respondia nenhuma

> palavra. Os discípulos se aproximaram e lhe pediram: "Manda-a embora, pois ela vem gritando atrás de nós". Jesus respondeu: "Não fui enviado senão para as ovelhas perdidas da casa de Israel". Mas ela veio, prostrou-se diante dele e disse: "Senhor, socorro!" E Ele respondeu: "Não fica bem tirar o pão dos filhos e jogá-lo aos cachorrinhos". Ela, porém, disse: "Certamente, Senhor; mas também os cachorrinhos comem das migalhas que caem da mesa de seus donos". Então Jesus lhe falou: "Ó mulher, grande é a tua fé! Seja feito como desejas". E desde aquela hora sua filha ficou curada (Mt 15,21-28).

Jesus tinha acabado de chamar a atenção dos fariseus para terem cuidado com o fermento que usavam para fazer crescer a vida e a fé e se depara com esta mulher que era estrangeira, professava uma fé diferente, mas que ouvira falar dele e teve a coragem de vencer os conceitos e preconceitos para pedir, suplicar, implorar pela recuperação da filha.

Jesus tenta ignorá-la, mas os discípulos pedem que Ele despeça a mulher, que a atenda e a mande ir embora; eles estavam impacientes, como tantas vezes nos sentimos diante de situações complicadas e, até mesmo, simples.

A mulher insistia, mostrava coragem; curioso que o próprio Jesus vai nos ensinar que devemos insistir na oração, apontando o exemplo do amigo importuno (Lc 11,5-8).

Mas Jesus tratou mal a mulher, caso raro no evangelho, pois os relatos nos mostram Jesus sempre acolhedor e manso com os humildes e pecadores, embora fosse duro com os religiosos de "lata"[17]. Jesus chamou a mulher de cachorra e toda a sua comunidade de fé, e algo espantoso aconteceu, a mulher deu a Jesus uma resposta que Ele não esperava; ela

---

17 Em todos os tempos haverá os religiosos de lata, os que forjam um deus de acordo com os seus interesses, distantes da intimidade com o Deus vivo e verdadeiro

não retrucou, ela não agrediu, ela apenas concordou com Ele, mas, ao mesmo tempo, alargou-lhe o olhar (houve um processo de conversão do olhar). Pode ser que sejamos cães, mas os cães comem as migalhas que caem das mesas de seus donos, uma migalha da sua atenção, um farelo do seu amor, o mínimo do seu cuidado, uma pequena fração da sua graça é tudo que eu preciso.

Jesus então atendeu àquela mulher, ela manifestou diante dele coragem, persistência, fé e ousadia; ela mudou o olhar de Jesus e estendeu o amor dele para outros horizontes.

Creio que precisamos ter a mesma ousadia, a mesma coragem, precisamos "brigar com Deus" quando for necessário, mas que sejam brigas boas, que valham a pena, como no caso desta mulher e do servo Jó[18].

Jesus estendeu seu amor infinito aos pagãos, curou a filha da mulher que Ele chamara de cachorra há poucos instantes, nos ensinou que o Reino não tem cercas, grades e muros, mas se estende a todos os que têm a ousadia de crer.

Este diálogo e a ação de Jesus me fazem lembrar um poeta e místico persa chamado Rumi. Apresento aqui trechos de um poema dele.

> O que fazer, se não me reconheço?
> Não sou cristão, judeu ou muçulmano.
> Já não sou do Ocidente ou do Oriente,
> não sou das minas, da terra ou do céu.
> Não sou feito de terra, água, ar ou fogo;
> não sou do Émpireo, do Ser ou da Essência. [...]
> O meu lugar é sempre o não lugar,
> não sou do corpo, da alma, sou do Amado.
> O mundo é apenas Um, venci o Dois.

---

18 O Livro de Jó é um dos textos mais bonitos da Sagrada Escritura e mostra a "briga" de um homem com Deus, buscando justiça. Leitura linda que vale a pena ser lida.

> Sigo a cantar e a buscar sempre o Um.
> "Primeiro e último, de dentro e fora,
> eu canto e reconheço Aquele que É."
> Ébrio de amor, não sei de céu e terra.
> Não passo do mais puro libertino.
> Se houver passado um dia em minha vida
> sem ti, eu desse dia me arrependo.
> Se pudesse passar um só instante
> contigo, eu dançaria nos dois mundos[19].

Jesus e a mulher nos mostram que Deus é o amado, o *Um* que não tem fronteiras e que nos convida a ser *um* com Ele.

Após curar a filha da mulher corajosa, Jesus se deparou novamente com uma multidão faminta e mais uma vez repartiu o pão.

> Jesus saiu dali e voltou para junto do Mar da Galileia. Subiu a um monte e ficou ali sentado. Uma multidão veio até Ele, trazendo consigo coxos, aleijados, cegos, mudos e muitos outros, e os estenderam a seus pés. E Ele os curou. O povo se admirava ao ver que os mudos falavam, os aleijados saravam, os coxos andavam e os cegos viam. E glorificavam o Deus de Israel.
>
> Jesus chamou os discípulos e disse: "Estou com pena do povo porque há três dias estão comigo e não têm o que comer. Não quero despedi-los em jejum para que não desmaiem pelo caminho". Os discípulos lhe perguntaram: "Onde vamos conseguir, num lugar desabitado, tantos pães para saciar tanta gente?" Jesus lhes perguntou: "Quantos pães tendes?" Eles responderam: "Sete e alguns peixinhos". Então mandou o povo assentar-se no chão, tomou os sete pães e os peixes, deu graças, partiu-os e deu aos discípulos, e estes os distribuíram à multidão. Todos comeram e ficaram saciados; e dos pedaços que sobraram recolheram sete cestos cheios. Os que comeram eram 4

---

19 Do livro *Sede de Deus*, Editora Vozes.

mil homens, sem contar mulheres e crianças. Depois de despedir a multidão, Jesus entrou no barco e foi à região de Magadã (Mt 15,29-38).

Os pequenos detalhes do texto se agigantam para nossa compreensão, repetindo a frase de Gregório Magno: "a escritura cresce com quem a lê". As multidões foram a Jesus, tinham sede e fome. Primeiro a sede e a fome de acolhimento, de palavra, de libertação, de uma vida que possa ser vivida com dignidade; mas não eram anjos, eram seres humanos, vida real, com os seus desafios, suas dores e alegrias, seus sonhos e medos, suas contradições, e depois da fome espiritual surgiu a fome física e Jesus, mais uma vez, teve compaixão, e multiplicou os pães pela segunda vez, alimentando a todos.

Entre as riquezas deste segundo relato de multiplicação, quero mostrar dois detalhes que mostram como o encontro com a sírio-fenícia alargou o coração de Jesus. No primeiro relato em Mt 14,13-21. No primeiro texto sobraram doze cestos. Sabemos que o número doze tem toda uma relação com Israel: as doze tribos, os doze apóstolos, as doze colunas do Templo, os doze filhos de Jacó. E a multidão alimentada foi de 5 mil homens. Já neste segundo relato, com a sobra "encheram sete cestos"; sete é a soma de quatro (terra) e três (céu); portanto, um número que corresponde ao infinito. Assim sendo, na simbologia matemática bíblica, os sete cestos representam mais do que os doze, e a multidão alimentada foi de 4 mil homens (quatro (terra) = toda a humanidade); assim, o segundo banquete já não é apenas para os filhos de Israel, mas para toda a humanidade. Todos somos convidados a nos alimentar do amor de Deus que em Jesus se estende a todos os povos.

Rezemos

Pai, somos todos estrangeiros neste mundo e nada mais pode desejar o nosso coração que não seja habitar no teu santuário, viver na tua presença, mas só poderemos habitar o teu amor quando nos tornarmos morada dele. Faz de cada um de nós o teu santuário vivo. Amém.

As muitas pedras do caminho

O capítulo 16 do Evangelho de Lucas me faz lembrar de meu pai. Ele era católico praticante, homem de oração e pouco afeito ao diálogo inter-religioso[20]. Gostava de citar a passagem em que Jesus diz: "Tu és Pedro e sobre esta pedra edificarei a minha Igreja", texto que acabei por decorar de tanto ouvir meu pai dizer.

Mas o fato é que no meio do caminho tem uma pedra, ou há muitas pedras no caminho; algumas são de edificação e de vida, outras de tropeço e de morte. E podemos inclusive lembrar do conhecido poema de Drummond que diz que "No meio do caminho tinha uma pedra, tinha uma pedra no meio do caminho".

O capítulo começa com as pessoas pedindo um sinal a Jesus para que Ele pudesse agir da forma como agia. Na verdade, não queriam nenhum sinal, porque para quem crê nenhum sinal é necessário e para quem não crê nenhum sinal é suficiente; contudo, toda a ação de Jesus era um claro sinal que Ele trazia o céu no olhar, a liberdade nas ações, a vida nas palavras. Ele devolvia às pessoas a grande alegria da vida. Vale lembrar de quando os discípulos de João foram perguntar se Ele era o Messias esperado e Jesus mandou que

---

20 Não segui este pensamento, estudei outras religiões e aprendi a respeitar e reverenciar todas elas. Sou católico e amo a Igreja, e acredito que, quanto mais eu reverencio e respeito as outras comunidades de fé, melhor cristão católico eu me torno.

eles dissessem a João o que eles podiam ver e ouvir ali, onde homens e mulheres eram restaurados e o céu tocava a terra por aqueles instantes em que se estavam diante de Jesus.

> Os fariseus e saduceus vieram até Jesus e, para testá-lo, pediram que lhes desse um sinal do céu. Jesus lhes respondeu: "Ao cair da tarde dizeis: 'Vai fazer bom tempo, pois o céu está avermelhado'. E pela manhã: 'Hoje vai trovejar, pois o céu está vermelho-escuro'. Sabeis distinguir o aspecto do céu, mas não sabeis distinguir os sinais dos tempos. Esta gente perversa e adúltera pede um sinal, mas não lhe será dado outro sinal senão o de Jonas". E deixando-os, foi embora.
> Na travessia para a outra margem do lago, os discípulos se haviam esquecido de levar pão. Jesus lhes disse: "Abri os olhos e tomai cuidado com o fermento dos fariseus e saduceus". Os discípulos discutiam entre si: "É por que não trouxemos pão". Jesus percebeu isso e disse: "Por que discutis entre vós, homens de pouca fé, por não terdes trazido pão? Ainda não entendeis, nem mesmo vos lembrais dos cinco pães para os 5 mil homens, e de quantos cestos recolhestes? Nem dos sete pães para os 4 mil homens, e de quantos cestos recolhestes? Como então não entendeis que eu não estava falando de pão, quando vos disse para tomardes cuidado com o fermento dos fariseus e saduceus?" Então entenderam que não havia falado do cuidado com fermento de pão, mas com a doutrina dos fariseus e saduceus (Mt 16,1-12).

Depois Jesus chama a atenção de seus próprios discípulos para terem cuidado com o fermento dos fariseus e dos saduceus, as dúvidas e as perguntas desnecessárias, pois já estava claro que Ele trazia o céu em suas ações, como provara ao distribuir os pães aos famintos e a alegria aos tristes.

Em seguida, Jesus foi para a região de Cesareia de Filipe. Essa cidade se chamava anteriormente Pan (deus grego dos pastores e dos rebanhos), e Filipe que reinou na região deu à cidade o nome de Cesareia, em homenagem a César; nesse local tem uma das fontes que abastece o Rio Jordão. Isto colocado nos permite alargar os horizontes diante do diálogo entre Jesus e os seus discípulos.

> Chegando à região de Cesareia de Filipe, Jesus perguntou a seus discípulos: "Quem as pessoas dizem que é o Filho do Homem?" Eles responderam: "Alguns dizem que é João Batista; outros, Elias; outros, Jeremias ou um dos profetas". Então Ele perguntou-lhes: "E vós, quem dizeis que eu sou?" Simão Pedro respondeu: "Tu és o Cristo, o Filho de Deus vivo". Em resposta, Jesus disse: "Feliz és tu, Simão filho de Jonas, porque não foi a carne nem o sangue quem te revelou isso, mas o Pai que está nos céus. E eu te digo: Tu és Pedro e sobre esta pedra construirei a minha Igreja e as portas do inferno nunca levarão vantagem sobre ela. Eu te darei as chaves do Reino dos Céus, e tudo que ligares na terra será ligado nos céus, e tudo que desligares na terra será desligado nos céus". E deu ordens aos discípulos de não falarem para ninguém que Ele era o Cristo.
>
> Desde então, Jesus começou a mostrar a seus discípulos que era necessário Ele ir a Jerusalém e sofrer muito da parte dos anciãos, sumos sacerdotes e escribas, ser morto e ao terceiro dia ressuscitar. Pedro levou-o para um lado e se pôs a repreendê-lo: "Deus não permita, Senhor, que isso aconteça". Mas Jesus voltou-se para Pedro e disse: "Afasta-te de mim, satanás. Tu és para mim uma pedra de tropeço, porque não tens senso para as coisas de Deus, mas para as dos homens".
>
> Então Jesus disse aos discípulos: "Se alguém quiser vir após mim, renuncie a si mesmo, tome a sua cruz e me siga. Pois quem quiser salvar a sua vida, vai perdê-la; mas quem perder a sua vida por amor de

> mim, há de encontrá-la. O que adianta alguém ganhar o mundo inteiro, se vier a se prejudicar? Ou, o que se pode dar em troca da própria vida? Porque o Filho do Homem há de vir na glória do Pai, com os anjos, e então dará a cada um conforme as suas obras. Eu vos garanto que alguns dos que aqui se encontram não morrerão antes de verem o Filho do Homem vir em seu reino (Mt 16,13-28).

Quem é Jesus? Esta pergunta perpassa todos os textos do Novo Testamento e em especial os evangelhos, e agora é o próprio Jesus que faz a pergunta aos seus discípulos e o faz em um local onde se cultuava uma divindade pastoril e onde um subalterno do imperador quis prestar homenagem ao mesmo batizando o lugar com o nome imperial. Não é fácil fazer esta pergunta, não é fácil perguntar aos outros quem somos para eles, porque na verdade sempre haverá compreensões equivocadas do grande mistério que somos cada um de nós.

As respostas são muitas e continuam sendo; ainda hoje há diversas compreensões sobre quem Ele é e qual é a proposta que nos trouxe. Ainda hoje "tem muitas pedras no caminho".

Os discípulos respondem pelos outros às inúmeras compreensões, todas elas fazendo menção aos profetas, os guardiões da Aliança firmada entre Deus e o seu povo, mas Jesus vai para um segundo estágio, não quer mais saber a resposta dos outros, mas a deles mesmos que convivem com Ele, que aprendem com Ele, que podem ver no dia a dia toda a sua ação. Então Pedro se faz porta-voz e responde: "Tu és o Messias, o Filho do Deus vivo", como a dizer: "Tu és toda a nossa esperança, a certeza de que o céu nos tocou de forma definitiva em luz e graça". Jesus acolhe a resposta de Pedro, mas ressalta que foi uma experiência profunda da ação de Deus que permitiu que Pedro tivesse aquela resposta, pois não era uma ação humana, mas Deus mesmo presente ali, e assim se mantivessem os discípulos; a partir daquela experiência seria edificada a Igreja e que o poder do inferno jamais irá prevalecer sobre aquele testemunho de fé. Ressalvo aqui que a promessa de Jesus não aponta para a não tentativa do inferno de vencer a Igreja, não é a ausência das tribulações e dos sofrimentos, mas a garantia de que o céu triunfará naqueles que mantiverem aquela experiência e aquele testemunho, pois tal experiência e testemunho nos permitem ligar no céu o que se liga na terra e até desligar no céu o que se desliga na terra.

Mas, logo após, Jesus pontua os riscos do Messias, e fala da cruz e da dor. Pedro, como muitos ao longo de todos os tempos, não consegue aceitar tal desfecho; na verdade, os discípulos também pensavam em uma estrutura de poder como os reinos da terra, a ponto de dois deles pedirem a Jesus um lugar à sua esquerda e à sua direita.

Diante de tal tentativa de tirar Jesus de seu projeto, a resposta é dura e incisiva: "Vai para longe, satanás". Agora não é mais a experiência de Deus que age em Pedro, mas a ação humana carregada de medos, vaidades e incoerências. Ele agora não é mais pedra de edificação, mas pedra de tropeço.

No meio do caminho tem uma pedra, muitas pedras, todos os dias nós nos deparamos com elas e todos os dias somos convidados a edificar e/ou tentados a fazer tropeçar aqueles que caminham. Todos os dias somos convidados a tomar a cruz de uma vida construída, de cabeça erguida, e a seguir Jesus.

Rezemos

Jesus, que acolhestes a profissão de fé de Pedro com amor e tivestes misericórdia diante dos equívocos do mesmo apóstolo, acolhe também os nossos sonhos e tende misericórdia quando nos equivocamos diante da tua presença em nós. Amém.

A transfiguração de todas as coisas

Certa vez um pai caminhava com sua filha por um campo cercado de montanhas e a menina caiu, ferindo o joelho. Imediatamente ela gritou "ai!" e ouviu-se um eco "ai, ai, ai!" Embora ferida, a menina achou graça e perguntou ao pai: "o que é isso?", e o pai respondeu: "Chamam isso de eco, mas isso é a vida; é preciso investir para ela te retornar". Então o pai gritou: "você é linda, eu te amo" e a vida (eco) respondeu: "linda, linda, linda; amo, amo, amo".

Quando olhamos a Palavra de Deus, encontramos lá no início do Gênesis, no poema da criação, algumas frases que podem definir o ser humano de uma forma muito delicada: Deus nos fez à sua imagem e semelhança e disse que era muito bom (Gn 1,27-31). Deus plasmou em nós as suas digitais e nos soprou com o vento da vida (Gn 2,7), mas às vezes os nossos investimentos são equivocados e acabamos por investir no que é ferida e morte e ouvimos os ecos da vida que se perpetuam em nós: "feio, eio, eio; infeliz, iz, iz".

Isto é tão marcante que temos muito mais facilidade de guardar as feridas do que os momentos de afeto e amor. E quando olhamos para o relato da transfiguração de Jesus, podemos abrir um leque e perceber, para além de todas as feridas, a nossa grande verdade restabelecida nele.

> Seis dias depois, Jesus tomou consigo Pedro, Tiago e João, seu irmão, e os levou a sós para um monte alto e afastado. E transfigurou-se diante deles. Seu rosto

> brilhou como o sol e as roupas se tornaram brancas como a luz. Nisso, apareceram Moisés e Elias conversando com Ele. Pedro tomou a palavra e disse a Jesus: "Senhor, como é bom estarmos aqui! Se quiseres, levantarei aqui três tendas: uma para ti, uma para Moisés e uma para Elias". Ele estava ainda falando quando uma nuvem brilhante os envolveu e da nuvem se fez ouvir uma voz que dizia: "Este é o meu Filho amado, de quem eu me agrado, escutai-o". Ao ouvir a voz, os discípulos caíram com o rosto no chão e ficaram com muito medo. Jesus se aproximou, tocou-os e disse: "Levantai-vos e não tenhais medo". Então eles ergueram os olhos, mas não viram mais ninguém, a não ser Jesus. Ao descerem do monte, Jesus ordenou-lhes: "Não conteis a ninguém o que vistes, até que o Filho do Homem ressuscite dos mortos (Mt 17,1-9).

O texto começa com uma revelação interessante, seis dias depois. O poema sagrado diz que no sexto dia Deus completou a criação; Ele olhou para todas as coisas e em especial para o homem (*Zâkâr:* macho) e a mulher (*neqébâ:* fêmea), e disse que eram muito bonitos, que eram a imagem e semelhança dele.

Ao longo da história de Israel aconteceram muitos desencontros; muitas vezes o povo esqueceu a sua beleza original, sentiu vergonha, se escondeu, procurou outros caminhos, mas Deus nunca se esqueceu do seu amor. Podemos recordar os vários momentos em que os profetas chamaram o povo à restauração da imagem original. Cito aqui em especial o Profeta Jeremias na casa do oleiro (Jr 18), o Profeta Ezequiel no vale de ossos ressequidos (Ez 37) e ainda o Profeta Isaías quando fala do imenso amor de Deus por Israel.

> Mas agora assim fala o Senhor que te criou, ó Jacó, e te formou, ó Israel: não tenhas medo, pois eu te resgatei, chamei-te pelo nome, tu és meu! Se tiveres de passar pela água estarei a teu lado; se tiveres de varar rios, eles não te submergirão. Se andares pelo

fogo, não serás chamuscado, e as labaredas não te queimarão. Pois eu sou o Senhor teu Deus, o santo de Israel, teu Salvador. Entrego como teu resgate o Egito, dou em teu lugar a Etiópia e Sabá. Já que contas muito para mim, me és caro e eu te amo, entrego gente em teu lugar e povos por tua vida (Is 43,1-4).

No sexto dia, durante a caminhada para Jerusalém, Jesus já havia avisado aos discípulos sobre o que aconteceria lá em função dos muitos desencontros da humanidade. Jesus já percebia no coração dos seus discípulos o medo e uma certa decepção, pois esperavam um Messias guerreiro e poderoso e o encontraram na fragilidade. Ele então foi transfigurado diante deles.

Ali na montanha a transparência de todas as coisas, o rosto brilhante como o sol e as vestes brancas como a luz, a teofania de toda beleza, a iluminação de todas as noites escuras.

Apareceram então Moisés e Elias. Moisés, aquele que aos 80 anos, com a vida toda arrumada, foi chamado para se desestabilizar, começar um novo caminho, conduzir o povo de Deus, ser a voz de Deus que ouve o lamento, que vê o olhar de angústia e sente a dor do povo (Ex 3). Moisés, o grande líder que ao longo de quarenta anos foi se esvaziando e deixando Deus ser nele, a ponto de não entrar na terra prometida, mas entrar no céu, numa feliz reflexão do Papa Bento XVI: "No Deuteronômio é delineada a imagem do Moisés sofredor, que padece no lugar de Israel e deve, em função vicária por Israel, morrer fora da terra santa"[21].

Então aparece Moisés, conversa com Jesus e relembra toda a história de Israel, e aponta para aquela Luz maior; a transfiguração é um alento para os discípulos, a fim de que eles possam entender toda a verdade para além da cruz.

---

21 BENTO XVI. *Jesus de Nazaré*: da entrada em Jerusalém até a ressureição. São Paulo: Planeta, 2017.

Aparece também Elias, aquele que é considerado o maior dos profetas, aquele que se consumiu em zelo e amor a Deus, aquele que nem conheceu a morte, mas foi arrebatado ao céu (2Rs 2).

Moisés e Elias conversam com Jesus; eles conversam sobre a fragilidade e sobre a força do Filho de Deus.

Pedro então toma a palavra; ele quer fazer três tendas, quer se abrigar ali; no lugar daquele evento maravilhoso, quer estar no alto da montanha, no abrigo do Amado. Há pouco tinha escutado Jesus falar que iria a Jerusalém, que sofreria muito e que encontraria a morte; agora o vê rodeado por Moisés e Elias, a lei e os profetas como nos ensina o prefácio da transfiguração na oração eucarística: "Tendo predito aos discípulos a própria morte, Jesus lhes mostra, na montanha sagrada, todo o seu esplendor. E, com o testemunho da lei e dos profetas, simbolizados em Moisés e Elias, nos ensina que, pela paixão e cruz, chegará à glória da ressurreição". Um texto magnífico de Santo Agostinho nos permite imaginar o que se passava na cabeça dos discípulos confusos entre a força e a fragilidade de Jesus.

> Queres ver como é forte o Filho de Deus? Tudo foi feito por meio dele, e nada foi feito sem Ele. Tudo realizou sem fadiga. Quem, portanto, é mais forte do que Ele que criou sem fadiga todas as coisas? Queres ver agora a sua fragilidade? O Verbo se fez carne e habitou entre nós. A força de Cristo criou-te, a fragilidade de Cristo te recriou. A força de Cristo chamou à existência o que não existia, a fragilidade de Cristo impediu que se perdesse aquilo que existia. Com a sua força criou-nos, com a sua fragilidade veio socorrer-nos (TOLENTINO, 2018: 16)[22].

---

22 *Elogio da sede*. São Paulo: Paulinas.

Então uma nuvem os cobriu com sua sombra. Nós caminhamos entre sombras, sentimos Deus por apalpadelas (At 17,27), mas agora os discípulos percebem o céu se abrir. Em Jesus o céu se abriu para nós, se abriu quando o anjo foi enviado para anunciar à Maria que dela Ele nasceria; abriu-se quando João o batizou nas águas do Jordão, abriu-se na transfiguração e se abriu definitivamente na cruz, quando o véu do templo se rasgou de cima a baixo (Mt 27,51). O céu se abriu e se pôde ouvir a voz de Deus: "Este é o meu filho muito amado".

Os discípulos sentiram medo. Como não sentir medo diante do grande mistério da vida, como não sentir medo quando o Amor se revela de maneira tão intensa, brilhante como o sol e branco como a luz? Só não sente medo quem não vive, só não sente medo quem não reverencia a própria história. Os discípulos tiveram medo. E mais uma vez a delicadeza de Jesus se mostra, Ele toca neles e diz: "coragem, não tenhais medo, Sou Eu".

Há muitos momentos de sombras em nossas vidas, situações que nós não entendemos e tudo o que precisamos é de alguém que nos toque o coração e a alma, que nos levante e nos diga: "coragem, não tenhas medo, Deus é contigo, o céu se abriu por amor a você".

Era preciso descer da montanha, era preciso tomar a vida nas suas alegrias e nas suas dores, nos seus encontros e nos seus desencontros; era preciso ir a Jerusalém, mas os discípulos começaram a ver para além da cruz, para além de todas as mortes, para além de todas as angústias e de todas as noites escuras; eles viram no rosto de Jesus, brilhante como o sol e nas vestes brancas como a luz, a última verdade de cada ser humano; nós somos belos, muito mais belos do que a estrela da manhã[23], porque nós amamos e somos filhos e filhas de Deus que é amor.

Rezemos

Revela-nos o teu rosto de amor todos os dias, Jesus Amado, e ajuda-nos a descer da montanha para acampar no coração dos homens e das mulheres com a tua presença que ilumina o mundo e faz refletir em nós a lei e os profetas. Amém.

---

23 *Estatutos do homem*, poema de Thiago de Mello.

Quarta ponta da estrela: o discurso eclesiológico

O Reino dos Céus e das criancinhas

Uma pergunta constante no Evangelho feita pelos discípulos e que se repete sempre em nossas comunidades é sobre quem é o maior? Diante de tal questão, Jesus tem uma resposta muito clara e simples.

> Naquele momento, aproximaram-se de Jesus os discípulos e perguntaram: "Quem será o maior no Reino dos Céus?" Jesus chamou uma criança, colocou-a no meio deles, e disse: "Eu vos garanto que se não vos converterdes e não vos tornardes como crianças, não entrareis no Reino dos Céus. Quem se fizer pequeno como esta criança será o maior no Reino dos Céus.
> E quem receber uma destas crianças em meu nome, é a mim que recebe. Mas quem escandalizar um destes pequeninos, que creem em mim, melhor seria para ele que lhe pendurassem uma pedra de moinho ao pescoço e o jogassem no fundo do mar (Mt 18,1-6).

Algo importante para uma compreensão melhor da fala de Jesus é o conhecimento da condição de muitas crianças no Império Romano, lembrando sempre que toda a ação de Jesus e todo o seu ministério acontecem em Israel, mas no tempo em que Roma dominava o mundo, inclusive os judeus.

As crianças, muitas vezes, eram abandonadas; outras vendidas como escravas, outras ainda levadas para "circos" que as preparavam a fim de se tornarem gladiadores para enfrentarem nas arenas as feras e lutarem entre si, alegrando os que amavam ver o ser humano devorado pelas feras nos ginásios e/ou se matando em uma luta sangrenta.

> O abandono de crianças, tão comum nos dias de hoje, também existia na Roma antiga, e as causas eram variadas. Abandonados, meninos e meninas estavam destinados à prostituição ou à vida de gladiadores, treinados para enfrentar leões, tigres e outros animais perigosos. Outros ainda se tornavam servos. Ricos e pobres abandonavam os filhos na Roma antiga. As causas eram variadas: enjeitavam-se ou afogavam-se as crianças malformadas; os pobres, por não terem condições de criar os filhos, expunham-nos, esperando que um benfeitor recolhesse o infeliz bebê, os ricos, ou porque tinham dúvidas sobre a fidelidade de suas esposas ou porque já teriam tomado decisões sobre a distribuição de seus bens entre os herdeiros já existentes.
> (https://www.sohistoria.com.br/ef2/roma/p4.php – acesso em outubro de 2020).

Jesus chama a atenção para a vida e para toda vida, o cuidado com aqueles que são muitas vezes ignorados. Das crianças é o Reino dos Céus.

Outro fator ainda importante que podemos perceber na constituição das crianças é a dependência delas com relação aos adultos. O ser humano é no reino animal o que mais demora no processo de sua maturação, a dependência de um recém-nascido para com seus genitores é total.

Na sequência do texto, Jesus fala do pastor que foi atrás da ovelhinha que se perdeu. Ele deixou noventa e nove no abrigo e foi atrás de uma única que havia se perdido; ela também dependia totalmente dele, sem os cuidados do pastor ela estaria exposta aos perigos, aos lobos, à fome e à sede.

As crianças ainda demoram um bom tempo para terem noção do EU. A princípio, elas abraçam o mundo, não fazem separação, o corpo da mãe é uma extensão do seu próprio corpo; quando percebe a separação, busca o abrigo da mãe (ou da figura de mãe), consegue falar do outro e com o outro e só depois vai compreender o EU. Pensando misticamente, Jesus nos convida a ser todo de Deus, deixar Deus ser tudo em nós. Enquanto estou escrevendo, vem ao meu coração uma pequena estrela que queria ser grande, dizia que não queria ser bailarina, era coisa de criança, ela costumava desenhar vestidos, coisas que aprendia com a profissão do pai e sempre gostava de cantar "o meu lugar é com Jesus e com Maria". Uma estrela que era toda de Deus, que não sabia separar Deus de si, e que virou céu tão cedo.

Então diante da sede de poder dos discípulos, Jesus contrapõe a criança, que em tudo depende de Deus e que se lança nas mãos do Senhor como seu único refúgio. E da alegria do Senhor no abraço de cada pequenino.

> Cuidado para não desprezar um desses pequeninos, porque eu vos digo que seus anjos estão continuamente no céu, na presença do meu Pai Celeste.
> O que vos parece? Suponhamos que um homem possua cem ovelhas e uma se extravie. Não deixará ele as noventa e nove na montanha para ir buscar a ovelha que se extraviou? E eu vos garanto que, ao encontrá-la, sente mais alegria por ela do que pelas noventa e nove que não se extraviaram. Assim também, a vontade de vosso Pai Celeste é que não se perca nem um só destes pequeninos (Mt 18,10-14).

Diante de um mundo que abandonava as crianças, Jesus se apresenta na contramão da história e as coloca como as mais importantes no Reino dos Céus.

O texto segue com Jesus falando da importância do diálogo entre os irmãos quando surgem os conflitos e que toda a comunidade deve ser intercessora quando acontecem as desavenças, porque a inimizade entre os discípulos de Jesus é um escândalo para o mundo. Aponta ainda a fraternidade entre os irmãos como o lugar privilegiado da presença de Deus neste universo; "se dois de vós se unirem sobre a terra para pedir, seja o que for, o conseguirão de meu Pai que está nos céus. Porque onde dois ou três estão reunidos em meu nome, aí estou eu no meio deles", e apresenta ainda algo maravilhoso aos nossos olhos; o amor entre os irmãos e irmãs nos permite ligar o céu e a terra. "Em verdade vos digo: tudo o que ligardes sobre a terra será ligado no céu, e tudo o que desligardes sobre a terra será também desligado no céu".

Por fim, Pedro pergunta a Jesus quantas vezes se deve perdoar o irmão, ou quantas vezes poderemos ligar o céu e a terra.

Se nós pegarmos toda Palavra de Deus, nós vamos perceber que desde Adão até o último homem, Deus é constantemente misericórdia. Por isso, quando Pedro pergunta a Jesus "quantas vezes devo perdoar o irmão"?, Jesus vai dizer que não até sete, mas setenta vezes sete (não podemos esquecer nunca que sete vezes já seria a plenitude), porque todos os dias Deus nos oferece a sua graça, todos os dias Deus nos oferece o seu perdão, e nós somos a imagem e semelhança dele.

Uso aqui duas metáforas, usadas na Bíblia para falar da vida de cada um de nós.

A primeira metáfora é a da plantação. Lá no Livro de Gênesis fala que Deus plantou uma árvore e que nessa árvore cresceu um fruto; esse fruto é você, esse fruto sou eu, esse fruto é a nossa vida, que muitas vezes, por causa do desequilíbrio das nossas balanças, não chega a amadurecer, e nós colhemos o fruto ainda verde, o fruto que ainda não está pronto, e por isso o desequilíbrio entra na nossa história. É o fruto que Adão e Eva vão comer. O fruto não amadurecido da nossa odisseia, da nossa vida.

Então, é preciso fazer o quê? – É necessário cuidar da árvore como diz uma bela canção de Milton Nascimento: *é preciso cuidar, para que a vida nos dê flor e fruto*. Só que nós, muitas vezes, não temos paciência, a nossa balança muitas vezes está desajustada.

Paulo diz que nós somos a plantação de Deus, que nós somos a construção de Deus (1Cor 3,9).

Nós somos a construção de Deus! Eu fico pensando naquele casal que tem crianças, eles limpam a casa todos os dias, e as crianças fazem o quê? – Bagunça! Mas todos os dias eles cuidam da casa. – Pra quê? – Porque se não cuidarem da casa, todos os dias ela ficará deteriorada e não os poderá mais abrigar.

O que é sua casa? – Sua casa é a sua vida! Se você não cuidar dessa casa todos os dias o que vai acontecer? – Vai chegar um momento que a sua casa vai estar insuportável, que ninguém conseguirá mais visitar o seu coração! Porque tudo que você sabe fazer é lamentar, brigar com o mundo, e, para isso, a palavra nos dá uma receita hoje perfeita, o PERDÃO. Só que também não é fácil perdoar, exatamente por causa dos desequilíbrios das nossas balanças. Nós, muitas vezes, guardamos lixo na nossa casa, nos apegamos às ervas daninhas que sufocam a plantação que somos nós mesmos, damos brechas aos mofos e infiltrações na casa vida, e nós não conseguimos demandar perdão.

Demandar perdão para quem? – Primeiro, para nós mesmos. Quantas vezes nós usamos na nossa vida aquele verbo no tempo do futuro do pretérito e ou do condicional, como o "eu poderia, eu gostaria, eu teria", e aí você vai acumulando na sua vida um monte de coisas e, você não consegue se perdoar.

Certa vez, um pai deixou o filho dele andar no carro. O filho era menor e não tinha habilitação, evidentemente; o adolescente sofreu um acidente e morreu. Aquele pai nunca conseguiu se perdoar. "Eu poderia, eu não poderia, eu não deveria". Aquele pai acabou por contrair um câncer e ele também morreu. Porque ele não deu conta de demandar perdão, para quem? – Para ele mesmo! Ele não deu conta de lidar com as suas feridas. Ele não deu conta de lidar com o lixo que amontoou no interior da sua casa.

Depois, demandar perdão para Deus. Há muitas pessoas que têm arrependimento de ter vivido, de ter nascido e, o tempo todo, elas estão brigando com Deus. Ah, se Deus tivesse feito isso, se Deus não tivesse permitido aquilo, ah, o meu filho foi embora, por que Deus deixou que isso acontecesse? Aconteceu isso na minha vida, por que Deus permitiu isso? Aí você vai criando as suas rusgas contra Deus. Você vai ferindo o seu coração, vai amontoando entulhos, vai amontoando ervas ao redor daquela plantação que deveria ser tão bonita, vai infiltrando as bases do seu edifício e ele tende a ruir.

Depois, o perdão para o outro. E aí cada leitor tem um monte de histórias. E bem sabe que, quando não consegue perdoar, acaba carregando o outro como um fardo pesado.

Usando a imagem da casa, nós descobrimos nos evangelhos vários textos de Jesus entrando na casa de alguém. Na casa de Levi (Mt 9), na casa de Zaqueu (Lc 19), na casa de Marta e Maria (Lc 10), na casa de Simão (Lc 7), e em cada casa uma história de acolhida e de perdão, em cada casa uma história de restauração[24].

---

24 A palavra restauração nos remete à cruz; *stauros* (estar de pé), restaurar é colocar de pé novamente, devolver a vida que foi roubada.

O Livro do Eclesiástico nos ensina que não é possível curar o coração se não liberarmos perdão. "Perdoa a injustiça cometida por teu próximo; assim, quando orares, teus pecados serão perdoados. Se alguém guarda raiva contra o outro, como poderá pedir a Deus a cura?" (Eclo 27,2-3).

Em Lc 5 temos um texto magnífico.

> Alguns homens trouxeram um paralítico num leito e procuravam fazê-lo entrar para apresentá-lo a Jesus. Mas, não achando por onde introduzi-lo, devido à multidão, subiram ao telhado e por entre as telhas o desceram com o leito, no meio das pessoas, diante de Jesus. Ao ver a fé deles, disse: "homem, os teus pecados estão perdoados". Os escribas e os fariseus começaram a perguntar-se: "quem é este que assim blasfema? Quem pode perdoar pecados senão só Deus? Percebendo os pensamentos deles, Jesus respondeu: "o que estais pensando em vossos corações? O que é mais fácil dizer: 'teus pecados estão perdoados', ou dizer: 'levanta-te e anda'? Pois bem, para que saibas que o Filho do Homem tem na terra poder de perdoar os pecados – disse ao paralítico – eu te digo: levanta-te, pega o teu leito e vai para casa". Imediatamente ele se levantou diante deles, tomou o que lhe servia de leito e foi para casa, louvando a Deus. Todos ficaram fora de si, louvavam a Deus e, cheios de temor, diziam: "hoje vimos coisas maravilhosas" (Lc 5,18-25).

Mais uma vez a imagem da casa, lugar onde levaram o paralítico, um homem entrevado (em trevas). Quando Jesus o perdoou, ele encontrou a luz, conseguiu andar, voltou para a CASA dele, porque carregava tantas casas alheias que não conseguia andar.

A criança não guarda raiva, ela briga, fica brava, mas logo está brincando; quando os pais a repreendem, ela fica magoada, chora, mas volta aos primeiros convites, ela é "livre".

Se não vos tornardes como crianças, não entrareis no Reino dos Céus.

Rezemos

Que possamos ficar com a resposta das crianças que sabem que a vida é bonita e é bonita e que possamos aprender a viver sem ter a vergonha de ser feliz, compreendendo sempre que não há maior felicidade do que ser seu o Pai. Amém.

Ensina-nos o amor

O quarto discurso, como nós já vimos no início de nosso livro, fala da Igreja, a comunidade dos irmãos e irmãs, a comunidade dos santos, como gosta de falar São Paulo em suas cartas.

Para os cristãos, a estrutura básica da sociedade é a família, assim como o é para os judeus. Desta forma, quando o capítulo 19 começa com a questão do divórcio, Mateus coloca na boca de Jesus aquilo que deve ser a orientação à comunidade.

> Ao terminar estes discursos, Jesus deixou a Galileia e veio para o território da Judeia, além do Jordão. Uma grande multidão o seguiu e Ele curou ali os doentes. Aproximaram-se dele alguns fariseus para testá-lo com a pergunta: "É permitido um homem despedir sua mulher por qualquer motivo?" Ele respondeu: "Não lestes que no princípio o Criador *os fez homem e mulher*, e disse: *Por isso o homem deixará o pai e a mãe para unir-se à sua mulher, e os dois serão uma só carne?* Assim, já não são dois, mas uma só carne. Não separe, pois, o homem o que Deus uniu". Eles insistiram: "Então, como é que Moisés mandou dar *certidão de divórcio, ao despedir a mulher?*" Jesus respondeu: "Foi por causa da dureza de vosso coração que Moisés vos permitiu divorciar-vos de vossas mulheres. Mas no princípio não foi assim. Eu, porém, vos digo: Quem se divorciar de sua mulher,

salvo em caso de 'prostituição', e se casar com outra, comete adultério" (Mt 19,1-9).

Jesus, porém, é coerente com o seu projeto, que aqui Ele aponta com perfeita sintonia com o projeto do Pai. No início, Deus criou assim e a dureza do coração dos homens quebrou aquela harmonia inicial desejada pelo Criador.

Uma pergunta que deve sempre ser feita para um homem e uma mulher que querem se casar é se o projeto deles está em sintonia com o projeto de Deus. Porque há muitas motivações que podem levar um homem e uma mulher ao casamento, mas nem sempre essas motivações estão de acordo com o projeto maior. Há casamentos sem liberdade, outros sem conhecimento, outros ainda com erro de pessoa. Diante de tais realidades, ainda que tenha sido realizada uma cerimônia, não existe casamento; por isso, a Igreja, diante de um processo canônico, vai dizer que o matrimônio foi declarado nulo, porque não havia condições para que ele fosse realizado. Veja bem, o casamento não é ANULADO, ele é declarado nulo, sem validade porque não foi baseado nas condições necessárias.

Contudo, quando um homem e uma mulher se unem pelo projeto de Deus, não há nada no mundo que possa se opor a este sonho. Lembro-me de um casal de vizinhos (Totonho e Inguinha – Antônio e Ana); cresci vendo os dois na casa quase de frente à casa de meus pais, trabalhavam duro para formar os filhos. Durante um período de férias de seminário, fui participar da celebração de bodas de ouro dos dois. Durante o almoço, eu disse ao Totonho: você é um herói, tolerar essa mulher chata cinquenta anos. Ele sorriu e me disse: "sou o homem que sou por causa dessa mulher, por tudo sou grato a Deus que a colocou na minha vida". Eu me calei.

O tempo passou e eles ficaram ainda mais cansados pelo peso dos anos, e era comum passarmos pela calçada da casa deles e os ver quase que o dia todo conversando na sala. Um dia perguntei aos dois o que tanto conversavam e eles me responderam: "nós nos amamos com as palavras".

Entendi casamento vendo aqueles dois e me lembro sempre de Adélia Prado com sua definição simples e profunda no seu poema *Casamento*, no qual ela narra a alegria do pescador e sua esposa ao preparar o peixe que fora pescado deixando o silêncio perpassar a cozinha e ser cada vez mais o noivo e a noiva, ser o namorado e a namorada em cada coisa. É no ordinário da vida que as coisas mais singelas se manifestam.

O texto do evangelho continua com a busca de um jovem pelo Reino, mostra o entusiasmo daqueles que encontram um mestre, um caminho a seguir.

> Nisso, alguém se aproximou e lhe perguntou: "Mestre, que devo fazer de bom para ter a vida eterna?" Ele lhe respondeu: "Por que me perguntas pelo bom? Um só é o bom. Se quiseres entrar na vida, observa os mandamentos". Ele perguntou: "Quais?" Jesus respondeu: "*Não matarás, não cometerás adultério, não furtarás, não darás testemunho falso; honra pai e mãe e ama teu próximo como a ti mesmo*". O jovem lhe disse: "Tudo isso eu tenho observado. O que ainda me falta?" Jesus respondeu: "Se queres ser perfeito, vai, vende tudo que tens, dá o dinheiro aos pobres, e terás um tesouro nos céus; depois vem e segue-me". Ao ouvir isso, o jovem foi embora triste, porque possuía muitos bens.
>
> E Jesus disse aos seus discípulos: "Eu vos garanto que um rico dificilmente entrará no Reino dos Céus. E digo mais ainda: É mais fácil um camelo passar pelo buraco de uma agulha do que um rico entrar no Reino de Deus". Ao ouvirem isso, os discípulos

se espantaram e disseram: "Então, quem pode salvar-se?" Jesus olhou para eles e disse: "Para os seres humanos isso é impossível, mas para Deus tudo é possível" (Mt 19,16-26).

O Evangelho de Marcos (10,21) usa uma expressão muito bonita ao dizer que Jesus olhou para aquele jovem e o amou. O jovem tinha o coração sincero, ele queria ter a vida eterna em si, trazer o céu presente e buscava seguir os mandamentos; contudo, o jovem queria algo mais, ele queria a perfeição e, para isso, Jesus convidou ao esvaziamento, à total confiança e ele não foi capaz. Saiu triste porque sua confiança estava nos bens que possuía.

Muito interessante vivenciar no nosso tempo aquela que é chamada teologia da prosperidade, na qual a relação com deus[25] se baseia, sobretudo, na troca de favores e no "resolver o meu problema"; um deus que responde a todas as minhas demandas e, se não as responde, passa a ser um deus inútil, ou a culpa é minha por não fazer direito aquilo que sou orientado a fazer pelo padre, pastor ou *coach*?

O jovem vai embora, continuar seu caminho; ele ainda não havia entendido que era preciso ser um com Deus, abandonar-se ao amor dele.

Jesus conclui que é difícil para aqueles que confiam no *status*, no poder, na economia e em si mesmos entenderem a dinâmica do Reino. É mais fácil passar um camelo pelo buraco de uma agulha. Não há aqui condenação dos bens, mas uma pergunta muito séria: "quem é dono de quem"? Como nos ensina um belo verso do poeta Victor Hugo.

> Desejo, outrossim, que você tenha dinheiro,
> Porque é preciso ser prático.

---

25 deus aqui escrito propositalmente em minúsculo porque quem negocia com deus não crê em Deus, mas alimenta ídolos.

E que pelo menos uma vez por ano
Coloque um pouco dele
Na sua frente e diga "Isso é meu",
Só para que fique bem claro quem é o dono de
quem.

Concluo pegando emprestado um relato místico que pode nos ajudar a compreender o que aquele jovem ainda não havia compreendido, é preciso soltar as amarras para deixar o domínio de Deus acontecer em nós.

Um jovem peregrino correu o mundo procurando o AMADO, ao chegar à casa onde ele habitava, o jovem bateu à porta e ouviu do lado de dentro uma voz: quem é? E o jovem respondeu: Sou EU, a voz lhe disse: Vá-se embora, aqui não cabem dois eus. O jovem andou outra vez pelo mundo, vagando em busca do sentido e voltou novamente à casa onde estava o AMADO e repetiu-se o diálogo: quem é? E o jovem respondeu: Sou EU, a voz lhe disse: Vá-se embora, aqui não cabem dois eus. Mais uma vez o jovem saiu triste, e depois de muitas buscas, voltou uma terceira vez e bateu à porta. O AMADO perguntou: Quem é? E o jovem respondeu: És tu, meu AMADO, a porta então se abriu.

Só há uma maneira de o camelo passar pelo buraco da agulha, tornando-se um com a agulha.

Rezemos

Que nos caminhos do mundo possamos encontrar aquela porção de amor que nos permite ser UM com o Amado e habitar para sempre o coração de Deus. Amém.

O tempo do vinho

Jesus conta mais uma parábola para que a comunidade possa entender a dinâmica do Reino, falando agora do pai de família que sai para contratar operários para a vinha.

A imagem da vinha é usada inúmeras vezes para falar da relação entre Deus e o seu povo, ela se torna uma metáfora da comunidade cristã. O primeiro sinal de Jesus apresentado pelo Evangelho de João (Jo 2) é transformar a água em vinho nas Bodas de Caná, ainda no Evangelho de João, Jesus vai dizer que Ele é a videira e os discípulos são os ramos (Jo 15) e nos evangelhos sinóticos Jesus vai dizer que o vinho é o seu sangue derramado pela remissão dos pecados, sinal da nova e eterna Aliança (Mt 26,27; Mc 14,23; Lc 22,17); isso se dá na Primeira Carta de Paulo aos Coríntios (1Cor 11,25).

Também inúmeros profetas usam a imagem da vinha e/ou do vinho para falar da chegada do Messias, relato aqui de forma expressiva os profetas Amós e Joel. "Naquele dia, as montanhas destilarão vinho, o leite manará das colinas; todas as torrentes de Judá jorrarão; uma fonte sairá do Templo do Senhor para irrigar o vale das Acácias" (Jl 4,18); assim no dia do Senhor, da montanha jorrará vinho novo e uma fonte vai irrigar os vales, uma imagem que pode ser associada ao momento em que o soldado rasga o coração de Jesus e dele jorraram a água e o sangue (Jo 19,34). Na mesma direção fala o Profeta Amós:

> Virão dias – oráculo do Senhor – nos quais quem semeia estará próximo de quem colhe, quem pisa as uvas, de quem planta. As montanhas destilarão vinho novo e de todas as colinas se derreterão. Mudarei a sorte de meu povo de Israel; eles reconstruirão as cidades devastadas e as habitarão, plantarão vinhas e beberão o vinho, plantarão pomares e comerão os frutos (Am 9,13-14).

Da montanha descerá o vinho novo e o povo de Deus será restaurado, colocado de pé.

Esta imagem da vinha volta com muita força em Jesus através de orações e ensinamentos, e aqui, no sermão para a Igreja, Ele fala deste patrão que saiu de madrugada para convocar trabalhadores e sai novamente outras horas do dia até chegar a última hora, todos são convidados e todos recebem igual salário.

> O Reino dos Céus é semelhante a um pai de família que, ao romper da manhã, saiu para contratar trabalhadores para sua vinha. Acertado com eles o preço da diária, mandou-os para sua vinha. Saiu pelas nove horas da manhã e viu outros na praça sem fazer nada. E lhes disse: "Ide também vós para a vinha e eu vos darei o que for justo". E eles foram. Saiu de novo, por volta do meio-dia e das três horas da tarde, e fez o mesmo. E, ao sair por volta das cinco horas da tarde, encontrou outros que estavam desocupados e lhes disse: "Como é que estais aqui sem fazer nada o dia todo?" Eles lhe responderam: "Porque ninguém nos contratou". Ele lhes disse: "Ide também vós para a vinha". Pelo fim do dia, o dono da vinha disse ao seu feitor: "Chama os trabalhadores e paga os salários, a começar dos últimos até os primeiros contratados". Chegando os das cinco horas da tarde, cada um recebeu uma diária. E quando chegaram os primeiros, pensaram que iam receber mais. No entanto, receberam também uma diária. Ao

receberem, reclamavam contra o dono, dizendo: "Os últimos trabalharam somente uma hora e lhes deste tanto quanto a nós, que suportamos o peso do dia e o calor". E ele respondeu a um deles: "Amigo, não te faço injustiça. Não foi esta a diária que acertaste comigo? Toma, pois, o que é teu e vai embora. Quero dar também ao último o mesmo que a ti. Não posso fazer com os meus bens o que eu quero? Ou me olhas com inveja por eu ser bom?" Assim, os últimos serão os primeiros, e os primeiros serão os últimos (Mt 20,1-16).

Esse texto nos provoca muitas indagações; a primeira delas é pensar no Senhor que sai ao encontro dos trabalhadores, que faz o convite, que tem carinho pela vinha, mas também pelos trabalhadores, quer contar com eles, os torna imprescindíveis.

Chama atenção ainda no texto o fato de voltar várias vezes ao convite, para que todos tenham um lugar, para que ninguém fique desocupado, se sinta excluído.

Porém, chega a hora do acertar as contas. Li, há pouco tempo, a obra de um teólogo chamado Gerhard Lohfink traduzida pela Editora Vozes (*Jesus de Nazaré, o que Ele queria? Quem Ele era?*). Fiquei muito impressionado com a leitura. Há um capítulo no qual ele trata desta Parábola dos Trabalhadores da Vinha. Lohfink pontua toda uma realidade social de Israel do tempo de Jesus e do projeto do domínio de Deus que se faz de forma diferente e aponta o escândalo que esta parábola deve ter causado aos ouvintes de Jesus, assim como causa aos ouvintes de hoje, pois parece ser tudo tão injusto. Pois ao acertar as contas, o Senhor iguala a todos. Não há judeu, nem grego, escravo ou livre, mas todos são convidados a experimentar a redenção de Jesus e o selo do Espírito Santo; todos são convidados a tomar parte da colheita, a experimentar a intimidade de Deus que vem como o melhor vinho, o maior amor.

Gosto muito de pensar este texto na perspectiva do *cronos* e do *kairós*. *Cronos*, o tempo que se conta pela batida do relógio, pela rotina dos dias, pelo cansaço de todas as coisas, o deus que nos devora, que nos suga a força, bem dentro do verso lindo de Ricardo Reis: "O tempo passa, não nos diz nada. Envelhecemos. Deixemo-nos quase maliciosos sentir-nos ir. Não vale a pena fazer o gesto, não se resiste ao deus atroz que os próprios filhos, devora sempre", os trabalhadores que chegaram mais cedo, os filhos mais velhos, o povo de Israel.

Mas há o *kairós*, tempo da brisa, do pulsar do coração, do olhar de mãe que sempre vê em seus filhos "uma eterna criança, um Deus que faltava", o tempo do riso, da dança, da leveza do espírito. Penso que Jesus nos convida a entender a vinha dentro desta dinâmica, do olhar de Deus que é bom, enquanto o nosso olhar humano é tão carregado de interditos, de miopias e de cataratas. Jesus nos convida a tomar parte do Reino, a trabalhar na vinha. Não importa em qual hora da vida você está (*cronos*), Ele te convida ao *kairós*, ao deixar pulsar em si o próprio coração de Deus.

Penso nos rios que vão para o mar, não importa se são grandes como o Amazonas, ou pequenos como o Rio Pomba; quando chegam à foz, todos mergulham no mesmo amor.

O capítulo continua com o terceiro anúncio da paixão e o pedido feito pela mãe dos filhos de Zebedeu.

> Quando Jesus estava subindo a Jerusalém, tomou à parte os doze discípulos e lhes disse durante a caminhada: "Nós estamos subindo a Jerusalém, e o Filho do Homem será entregue aos sumos sacerdotes e

escribas. Eles o condenarão à morte e o entregarão aos pagãos. Ele será zombado, açoitado e crucificado, mas ao terceiro dia ressuscitará".

Então se aproximou dele a mulher de Zebedeu com os seus filhos, prostrando-se para pedir alguma coisa. Jesus perguntou-lhe: "O que desejas?" Ela respondeu: "Manda que os meus dois filhos se assentem, um à tua direita e o outro à tua esquerda, no teu Reino". Jesus, porém, disse: "Não sabeis o que pedis. Podeis beber o cálice que eu vou beber?" Eles disseram: "Podemos". E Jesus prosseguiu: "Bebereis o meu cálice, mas assentar-se à minha direita ou à minha esquerda não compete a mim conceder. É para quem meu Pai o preparou". Os outros dez, que ouviram isso, se aborreceram com os dois irmãos. Jesus, porém, os chamou e disse: "Sabeis que os chefes das nações as oprimem e os grandes as tiranizam. Entre vós não seja assim. Ao contrário, quem quiser ser grande, seja vosso servidor, e quem quiser ser o primeiro, seja vosso escravo. Foi assim que o Filho do Homem veio: não para ser servido, mas para servir e dar sua vida em resgate de muitos" (Mt 20,17-28).

Interessante fazer aqui uma reflexão sobre o olhar cuidadoso de Mateus, pois Marcos narra o mesmo texto, mas sem o cuidado de proteger os apóstolos e a humanidade frágil dos mesmos, pois em Marcos são os próprios filhos de Zebedeu que fazem o pedido (Mc 10,35).

O pedido para se assentar ao lado de Jesus no Reino é feito tanto em Mateus quanto em Marcos, logo após o terceiro anúncio da paixão. Posso imaginar a decepção de Jesus, Ele falando de sua dor e do sofrimento a padecer e os discípulos preocupados com as honrarias. Não parece muito diferente dos dias de hoje, quando preferimos um deus todo-poderoso que resolve todos os problemas e com quem possamos negociar benesses a um Deus que se identifica com os que sofrem, com os que não têm lugar, com os que estão fora da ordem e do tempo.

Não à toa, o texto termina com a cura dos dois cegos, os discípulos que precisam aprender a ver direito que, ao invés de ficarem brigando por lugares de honra, precisam aprender a entrar no caminho de Jesus e caminhar com Ele.

> Ao saírem de Jericó, uma grande multidão o seguia. Dois cegos, sentados à beira do caminho, ouviram que Jesus passava e começaram a gritar: "Senhor, Filho de Davi, tem piedade de nós!" O povo repreendia-os e mandava que se calassem. Mas eles gritavam ainda mais alto: "Senhor, Filho de Davi, tem piedade de nós!" Jesus parou, chamou-os e perguntou: "Que desejais que eu vos faça?" Eles lhe disseram: "Senhor, que nossos olhos se abram". Compadecido, Jesus lhes tocou os olhos; eles logo começaram a ver de novo e se puseram a segui-lo (Mt 20,29-34).

Rezemos

Cura, Senhor, o nosso olhar para que possamos ver em cada coisa o mistério do seu amor e em cada ser humano o amor do nosso ministério, pois lá onde pulsa o coração do homem e da mulher, o seu amor se faz presente, Deus da vida. Amém.

Entrada em Jerusalém

O Papa Bento XVI nos presenteou com muitas obras; uma delas, em particular, chama-me a atenção pela riqueza de detalhes com que ele relata a subida de Jesus da Galileia a Jerusalém[26] e, em especial, a entrada de Jesus na cidade santa, naquele que se convencionou chamar Domingo de Ramos.

Quando estavam perto de Jerusalém e chegavam a Betfagé, junto ao Monte das Oliveiras, Jesus enviou dois discípulos, e lhes disse: "Ide ao povoado que está em frente, e logo encontrareis uma jumenta amarrada e, com ela, um jumentinho. Desamarrai-a e trazei-os para mim. Se vos disserem alguma coisa, respondei: 'O Senhor precisa deles e logo os devolverá'". Isto aconteceu para que se cumprisse o que foi dito pelo profeta: *Dizei à filha de Sião: eis que teu rei vem a ti, humilde e montado num jumento, num jumentinho, filho de jumenta.*

Os discípulos foram e agiram como Jesus lhes tinha mandado. Trouxeram a jumenta e o jumentinho, puseram sobre eles suas vestes, e Jesus montou em cima. Numerosa multidão estendia suas vestes pelo caminho, enquanto outros cortavam ramos das árvores e os espalhavam pelo chão. A multidão que ia na frente e a multidão que seguia atrás gritavam: "*Hosana ao* Filho de Davi. *Bendito quem vem em nome do Senhor*, hosana nas alturas". E, quando entrou em Jerusalém, toda a cidade se alvoroçou e perguntava:

---

26 BENTO XVI. *Jesus de Nazaré...* Op cit.

"Quem é este?" E a multidão respondia: "Este é o Profeta Jesus, de Nazaré da Galileia" (Mt 21,1-11).

Uma multidão segue Jesus. Muitas vezes ouvi em sermões inflamados que a mesma multidão que aclamou Jesus na entrada de Jerusalém o condenou à morte; o texto do Papa Bento curou o meu olhar e me fez ver que eram grupos diversos. Mas, de qualquer forma, o papa nos mostra que, entre as muitas pessoas que estavam na multidão, havia o cego "Bartimeu"[27] que acompanhava Jesus depois de ter sido curado em Jericó e que havia chamado Jesus de Filho de Davi, reascendendo a esperança messiânica da multidão.

Seguimos aqui algumas considerações do próprio Papa Bento, uma espécie de fichamento da obra referida, sobre a leitura que ele faz do episódio.

O jumentinho que ninguém montou é um direito régio que marca a esperança messiânica (Gn 49,10; Zc 9,9). Jesus reivindica este direito. Ele quer que se compreenda o seu caminho e as suas ações com base nas promessas do Antigo Testamento (escritos judaicos), que nele se tornam realidade. O seu poder é de caráter diferente; é na pobreza de Deus, na paz de Deus que Ele individualiza o único poder salvador.

Quando o povo estende ramos e suas capas, aponta para uma tradição na realeza de Israel (2Rs 9,13). O Canto do Hosannah era um canto de lamentação e súplica na Festa das Tendas, mais tarde transformou-se em uma exclamação de júbilo. O "Bendito, o que vem em nome do Senhor", destinado aos peregrinos, assume o significado messiânico; esta homenagem

---

27 Um jovem sem nome, conhecido apenas por ser filho de Timeu. Bar = filho. Bar-Timeu, Filho de Timeu. Um jovem que não conseguia ver e que também não era visto. Um invisível na multidão, depois de curado segue Jesus no caminho; ele chama Jesus de Filho de Davi e vai se ajuntar à multidão que grita e clama Jesus em Jerusalém, hosana ao filho de Davi (Mc 10).

prestada a Jesus foi realizada pelos peregrinos e não pelos habitantes de Jerusalém; isso se dá quando Jesus nasce. São os magos do Oriente que vêm lhe prestar homenagem.

A multidão que, na periferia da cidade prestava homenagem a Jesus, não era a mesma que depois haveria de pedir a sua crucificação. A não aceitação de Jesus aparece como um aceno sobre a tragédia dessa cidade em seu discurso escatológico.

Mateus aponta para a homenagem das crianças (21,15); Jesus defende a aclamação com referência (Sl 8,2). Jesus vê nas crianças o exemplo por excelência daquele "Ser pequenino diante de Deus" que se requer para poder passar pelo "buraco da agulha" de que fala no episódio do jovem rico cuja narração aparece logo a seguir (Mc 10,17-27).

Na liturgia da Igreja primitiva já aparece o Hosannah na celebração pós-Pascal. Muito cedo foi introduzido o "bendito"; para a Igreja nascente, o Domingo de Ramos não era algo do passado. A Igreja via Jesus chegar sob as humildes aparências do Pão e do vinho. Jesus é Aquele que vem e que permanece para sempre. Ele nos convida à sua subida e, na comunhão com seu corpo, nos leva a Jerusalém definitiva que já está crescendo no meio deste mundo.

A proposta de Mateus, como vimos nos capítulos anteriores, era e é mostrar Jesus como a resposta de Deus ao povo de Israel, a realização da promessa, a concretização das esperanças e a chegada de Jesus em Jerusalém aponta para esta realidade: Bendito o que vem em nome do Senhor.

A primeira missão de Jesus em Jerusalém está ligada ao templo; era preciso purificar a casa de Deus, era preciso resgatar a dignidade dos homens e mulheres, imagem e semelhança de Deus, templos vivos.

Jesus entrou no Templo e expulsou de lá todos quantos vendiam e compravam. Derrubou as mesas dos cambistas e as cadeiras dos vendedores de pombas. Depois lhes disse: "Está escrito: *Minha casa será chamada casa de oração*, mas vós fazeis dela um *covil de ladrões*".

No Templo, aproximaram-se dele cegos e coxos, e Ele os curou. Os sumos sacerdotes e os escribas, ao verem as maravilhas que fazia e as crianças que gritavam no Templo "Hosana ao Filho de Davi", indignados, perguntaram a Jesus: "Estás ouvindo o que elas dizem?" Jesus lhes respondeu: "Sim. Nunca lestes: *Da boca das crianças e dos que mamam, tiraste um louvor*"? Em seguida, Jesus os deixou; saiu da cidade e foi para Betânia, onde passou a noite (Mt 21,12-17).

A casa de Deus que são o homem e a mulher foi desfigurada pela própria opressão religiosa; era preciso uma ação drástica para que se pudesse voltar ao projeto original, uma restauração da dignidade humana ofuscada em tantos preceitos vazios. Os cegos, os coxos, as crianças conseguem ver melhor do que aqueles que mandavam no Templo.

Na purificação do Templo, Jesus espanta os bois, as pombas, derruba a mesa dos cambistas e expulsa os vendedores do Templo. Jesus não ataca o Templo, mas os abusos cometidos nele. Ele não violava a lei e os profetas, mas reivindicava o direito essencial e verdadeiro, o direito divino de Israel. Na purificação do Templo, Jesus agira em sintonia com a lei, impedindo um abuso contra o Templo; dando, assim, cumprimento à lei e aos profetas.

No caminho entre Jerusalém e Betânia, Jesus sente fome e percebe que a figueira não havia dado fruto; a comunidade estava estéril, era melhor então que ela secasse, e assim foi feito.

O que vos parece? Um homem tinha dois filhos. Foi até o mais velho e disse: "Filho, vai hoje trabalhar na vinha". Ele, porém, respondeu: "Não quero ir". Mas depois se arrependeu e foi. Foi, então, até o outro filho e falou a mesma coisa, e ele respondeu: "Vou, senhor". Mas não foi. Qual dos dois fez a vontade do pai? "O primeiro", responderam eles. Jesus lhes disse: "Eu vos garanto que os cobradores de impostos e as prostitutas entram antes no Reino de Deus do que vós. Porque João veio a vós no caminho da justiça e não acreditastes nele, ao passo que os cobradores de impostos e as prostitutas acreditaram. E vós, vendo isso, nem assim vos arrependestes para crerdes nele.

Ouvi outra parábola: Havia um pai de família que plantou uma vinha, cercou-a com uma sebe, escavou um tanque para esmagar as uvas, construiu uma torre e arrendou tudo a uns lavradores. Depois viajou para o exterior. Quando chegou o tempo da safra, mandou os escravos receberem dos lavradores sua parte dos frutos. Os lavradores, porém, agarraram os escravos, espancaram um, mataram outro e apedrejaram o terceiro. Novamente enviou outros escravos, em maior número do que os primeiros, e lhes fizeram o mesmo. Por fim enviou-lhes o próprio filho, pensando: "Eles vão respeitar o meu filho". Mas, ao verem o filho, os lavradores disseram entre si: "Este é o herdeiro! Vamos matá-lo e tomemos a sua herança". Eles pegaram o filho do patrão, arrastaram-no para fora da vinha e o mataram. Pois bem: "Quando vier o dono da vinha, o que fará com os lavradores?" Eles responderam: "Fará perecer de morte horrível os malfeitores e arrendará a vinha a outros lavradores que lhes deem os frutos a seu tempo". Então Jesus lhes disse: "Nunca lestes nas Escrituras: *A pedra rejeitada pelos construtores é que se tornou a pedra principal. Foi obra do Senhor, digna de admiração para nossos olhos?*

Por isso eu vos digo: O Reino de Deus será tirado de vós e será dado a um povo que produza os devidos frutos. Aquele que cair sobre esta pedra ficará despedaçado, e aquele sobre quem ela cair será esmagado". Ao ouvirem estas parábolas de Jesus, os sumos sacerdotes e os fariseus entenderam que falava deles. Queriam prendê-lo, mas tinham medo da multidão que o considerava um profeta (Mt 21,28-46).

O capítulo 21 de Mateus se encerra com duas parábolas que mostram a esterilidade da comunidade e mais ainda a perversidade de não oferecer os frutos que Deus espera, mas, ao contrário, uma comunidade capaz de matar o próprio Filho que fora enviado, bem como aconteceu com Jesus.

Rezemos

Senhor Jesus, Filho de Davi, entra na nossa história, acolha os ramos e mantos de nossas preces e nos ajuda a proclamar seu nome entre as nações. Sede sempre bendito em nossos corações e ações, permitindo assim participar do seu Reino. Amém.

A festa, a veste, a imagem e a vida

O capítulo 22 do Evangelho de Mateus começa com uma parábola na qual Jesus fala de um senhor que mandou fazer um banquete para comemorar as núpcias do filho e enviou seus arautos para convidar a todos para participarem do banquete.

É precioso notar que esta parábola foi contada logo após o episódio da entrada de Jesus em Jerusalém, quando Ele foi rejeitado pelas autoridades religiosas.

> Jesus tomou a palavra e falou-lhes de novo em parábolas: "O Reino dos Céus é semelhante a um rei que preparou a festa para o casamento de seu filho. Enviou os escravos para chamar os convidados à festa, mas eles não quiseram vir. Mandou novamente outros escravos, ordenando-lhes: 'Dizei aos convidados: o banquete já está pronto, os bois e animais de corte já foram abatidos; tudo está preparado, vinde para a festa'. Mas, sem se incomodarem, eles se foram, um para o seu sítio, outro para o seu negócio. Outros agarraram os escravos, maltrataram-nos e os mataram. O rei ficou furioso e mandou seus exércitos exterminar aqueles assassinos e tocar fogo em sua cidade. Depois disse aos escravos: 'A festa está preparada, mas os convidados não eram dignos. Ide, pois, às encruzilhadas dos caminhos e chamai para a festa todos os que encontrardes'. Os escravos saíram pelos caminhos e reuniram todos que encontraram, maus e bons, e a sala da festa ficou cheia de convidados.

Quando o rei entrou para ver os que estavam à mesa, viu ali um homem que não vestia roupa de casamento, e lhe disse: 'Amigo, como entraste aqui sem vestir roupa de casamento?' Mas ele ficou calado. Então o rei disse aos que serviam: 'Amarrai-o de pés e mãos e jogai-o lá fora na escuridão; ali haverá choro e ranger de dentes'. Porque muitos são os chamados e poucos os escolhidos" (Mt 22,1-14).

É imprescindível ressaltar as duas imagens justapostas para falar do Reino – as núpcias e o banquete – duas imagens caras para a tradição de Israel que sempre se viu como a esposa do Senhor, mesma imagem usada pela Igreja. E a imagem do banquete, como o sonhado anseio do Profeta Isaías "O Senhor dos exércitos dará neste monte, para todos os povos, um banquete de ricas iguarias, um banquete de vinhos finos, de carnes suculentas e vinhos depurados" (Is 25,6).

Depois, algo que me chama muito a atenção é o fato de os empregados não quererem ir, de tal sorte que o senhor tenha que mandar uma segunda leva de empregados para que façam o convite. Qual será a razão pela qual muitos empregados dizem não à ordem do patrão? Qual a imagem que estes empregados têm do patrão? Qual a relação entre eles? E se Jesus nos conta uma Parábola do Reino, Ele nos permite fazer as mesmas perguntas no que se refere à relação que se dá entre Deus e os homens.

Uma vez que os empregados fazem o convite, surge outra demanda – são exatamente as questões surgidas que manifestam a beleza e importância das parábolas – por que os convidados não quiseram ir? Qual a imagem eles também tinham do Senhor? Lembro-me de uma reflexão de Rubem Alves na qual ele falava das muitas imagens propagadas de Deus ao longo dos séculos e como os olhares internos tentam forjar um deus exterior. Talvez por isso o grande mandamento da proibição de se esculpir imagens de Deus ou até mesmo pronunciar o nome, porque pronunciar um nome já é definir aquilo que está sendo dito.

Finalmente, alguns convidados aceitam o convite e enchem a sala da festa. Contudo, há um que não quis usar a roupa adequada. Se nós fizermos uma peregrinação pelas Escrituras vamos perceber a importância da veste. Aqui atentarei para alguns episódios.

Em Gênesis, Adão vestia a graça de Deus, mas após o pecado não quis retomar as vestes da graça e manipulou suas próprias vestes, como se ele bastasse a si mesmo e, com isso, perdeu a dinâmica do paraíso (Gn 3,7).

Em 2Rs 2 o Profeta Eliseu tomou para si o manto de Elias, ou seja, a herança de graça e bênção que moveu o coração e as ações daquele que é considerado o maior dos profetas de Israel.

No Evangelho de Marcos (10,46ss.), quando Jesus começa seu caminho de subida a Jerusalém, Ele é encontrado por um cego na saída de Jericó; ao ser acolhido por Jesus, o cego joga fora o manto e passa a seguir Jesus no caminho; nesse episódio o cego faz o inverso de Adão, deixa o manto do pecado e se veste da graça de Jesus.

Em At 7,58, os amigos de Estêvão colocaram suas vestes aos pés de um jovem chamado Saulo. Acredito que a graça da qual Estêvão se revestia tocou ali o coração de Saulo que, ao se colocar a caminho de Damasco, terá o encontro definitivo com Jesus, mas este encontro, seguramente, encontrou seu alicerce no martírio de Estêvão[28].

---

28 Em meu livro *Lucas, luz de amor infinito*, publicado pela Editora Vozes, trato desse tema com mais detalhes no capítulo 22.

Ainda um texto de At 12,8. Quando Pedro é libertado da prisão, o anjo do Senhor manda que ele se revista das vestes, ou seja, que ele se cubra da graça de Deus.

Diante desses episódios, encontrados em nossa peregrinação pelas Escrituras, podemos nos perguntar quais são as vestes do nosso dia a dia, como nos colocamos diante da graça de Deus? Somos capazes de abandonar as vestes do pecado como fez o cego do caminho e nos vestir da graça de Deus como fizeram Eliseu e Pedro? Ou preferimos tecer nossas próprias vestes como fez Adão?

Em seguida, os fariseus tentaram armar uma emboscada para Jesus, numa daquelas situações em que aparentemente "se ficar o bicho pega ou se correr o bicho come", pois autorizar o pagamento do imposto seria desagradar o povo, negar o pagamento poderia incitar uma rebelião. Jesus foi simples e cirúrgico.

> Então os fariseus se retiraram e convocaram um conselho para ver como poderiam pegá-lo em alguma palavra. Enviaram-lhe discípulos, juntamente com os herodianos, para lhe dizer: "Mestre, sabemos que és sincero, pois com franqueza ensinas o caminho de Deus, sem te comprometeres com ninguém, nem olhar a aparência de pessoas. Dize-nos, pois, o que te parece: É justo pagar imposto a César ou não?" Conhecendo-lhes a malícia, Jesus falou: "Por que me testais, hipócritas? Mostrai-me a moeda do imposto". Eles lhe apresentaram um denário. E Jesus lhes perguntou: "De quem é essa imagem e inscrição?" Responderam eles: "De César!" Então Jesus lhes disse: "Pois dai a César o que é de César e a Deus o que é de Deus". Ao ouvirem isto, ficaram maravilhados e, deixando-o, foram embora (Mt 22,15-22).

Quando Deus criou o homem, Ele nos fez à sua imagem e semelhança. Se os homens oprimem uns aos outros, provocam a dor e o sofrimento ao seu semelhante é porque cunharam uma outra imagem; portanto, dê aos "senhores" o que pertence a eles, e devolvam a Deus o que pertence a Deus, ou seja, a dignidade humana.

Jesus era um homem livre e libertador, por isso os que se aproximavam dele se armavam para pegá-lo em alguma questão, mas tamanha era a sua liberdade e leveza que Ele reduzia ao silêncio aqueles que lhe armavam armadilhas.

> Naquele dia, alguns saduceus, que negam a ressurreição, aproximaram-se de Jesus e lhe perguntaram: "Mestre, Moisés disse: *Se um homem morrer sem deixar filhos, case-se com ela o irmão dele para dar descendência ao morto.* Ora, havia entre nós sete irmãos. O primeiro casou, mas morreu sem filhos e deixou a mulher para seu irmão. Do mesmo modo o segundo, o terceiro, até o sétimo. Por fim, depois de todos, morreu a mulher. Na ressurreição, de qual dos sete será ela mulher, se todos a tiveram?" Jesus lhes respondeu: "Estais enganados e não conheceis nem as Escrituras nem o poder de Deus. Porque na ressurreição as pessoas não se casam, nem se dão em casamento, mas são como os anjos no céu. E quanto à ressurreição dos mortos, não lestes o que Deus disse: *Eu sou o Deus de Abraão, o Deus de Isaac e o Deus de Jacó?* Ele não é Deus de mortos, mas de vivos". Ouvindo isso, o povo se maravilhava de sua doutrina.
>
> Quando os fariseus souberam que Jesus fizera calar os saduceus, juntaram-se em bloco. E um deles, doutor da Lei, perguntou, para o testar: "Mestre, qual é o maior mandamento da Lei?" Jesus lhe respondeu: *"Amarás o Senhor teu Deus de todo o coração, com toda a alma e com toda a mente.* Este é o maior e o primeiro mandamento. Mas o segundo é semelhante a este: *Amarás o próximo como a ti mesmo.* Destes dois mandamentos dependem toda a Lei e os Profetas".
>
> Estando os fariseus reunidos, Jesus perguntou-lhes: "O que pensais do Cristo? De quem Ele é filho?"

Eles responderam: "De Davi". Jesus tornou a perguntar: "Como então Davi, pelo Espírito, o chama Senhor, quando fala: *Disse o Senhor a meu Senhor: senta-te à minha direita, até que ponha teus inimigos como apoio de teus pés?* Se, pois, Davi o chama de Senhor, como pode ser Ele seu filho?" Ninguém soube responder-lhe nada. E, desde então, ninguém mais ousou perguntar-lhe coisa alguma (Mt 22,23-46).

Jesus calara os fariseus, e os saduceus se sentiram no direito de interrogá-lo, mas faziam as perguntas com respostas prontas e Jesus lhes mostra que Deus é o Senhor dos vivos, e que diante dele cessam os desejos, porque o maior desejo da alma é estar junto Àquele que nos fez para Ele, como bem nos lembrava Santo Agostinho, "Deus nos criou para Ele e inquieto estará o nosso coração enquanto não se encontrar nele".

Terminando o capítulo, Jesus nos apresenta a junção dos mandamentos, aquele de Dt 6,5: "Amarás o Senhor teu Deus com todo o teu coração, com toda a tua alma e com todo o teu entendimento" com aquele de Lv 19,18: "Amarás o teu próximo como a ti mesmo", quase que transformando-os em um só mandamento, ou seja, um está tão intimamente ligado ao outro que já não pode mais ser pronunciado ou vivido sozinho.

Rezemos

Quero te seguir pelo caminho, Senhor; deixar Jericó, a terra da perdição, e subir a Jerusalém, mas não posso fazê-lo sem que o Senhor me cure o olhar e me permita jogar fora o manto de todas as mortes que habitam meu ser. Em ti eu busco a luz, não me deixe na escuridão. Amém.

Ai de vós

Durante o meu curso de graduação em teologia, tive a oportunidade de conhecer muitos professores que, mais do que professores, eram verdadeiros mestres e mestras espirituais, mas ninguém me marcou mais do que Prudente Lúcio Nery, OFM Cap. Ele tinha uma leveza nas palavras e deixava fluir um amor tão grande quando falava de Deus, e um rancor tão profético e honesto quando denunciava aqueles que se apossavam de Deus e impediam os homens e mulheres de se achegarem ao seu grande Mistério, que me impactava profundamente a alma. Prudente Nery era uma canção do amor de Deus e me fez entender que Jesus fora a mais bela canção, e ainda, "Nunca mais neste mundo somos os mesmos quando os ouvidos dos nossos corações ouvem cantilenas de amor".

> Então Jesus falou às multidões e a seus discípulos: "Os escribas e os fariseus estão sentados na cátedra de Moisés. Portanto, fazei e observai tudo o que eles vos disserem, mas não os imiteis nas ações, porque eles dizem e não fazem. Amarram pesadas cargas e as põem nas costas dos outros, e eles mesmos nem com o dedo querem tocá-las. Praticam todas as suas ações para serem vistos pelos outros. Por isso alargam as faixas de pergaminho e alongam as franjas de seus mantos. Gostam dos primeiros lugares nos banquetes e das primeiras cadeiras nas sinagogas. Gostam de ser chamados de mestre pelo povo. Mas vós, não vos deixeis chamar de mestre, porque um

só é vosso Mestre, e todos vós sois irmãos. A ninguém chameis de pai na terra, porque um só é vosso Pai, aquele que está nos céus. Nem vos façais chamar doutores, porque um só é vosso doutor, o Cristo. O maior entre vós seja vosso servo. Aquele que se exaltar será humilhado, e quem se humilhar será exaltado.

Ai de vós, escribas e fariseus hipócritas, que fechais o Reino dos Céus aos outros! Não entrais vós nem permitis que entrem os que o desejam.

Ai de vós, escribas e fariseus hipócritas, que percorreis mar e terra a fim de converter uma só pessoa para, depois de convertida, torná-la merecedora do inferno duas vezes mais do que vós mesmos!

Ai de vós, guias cegos, que dizeis: 'Se alguém jurar pelo Santuário, não é nada, mas se jurar pelo ouro do Santuário, fica obrigado'. Insensatos e cegos! O que vale mais, o ouro ou o Santuário que santifica o ouro? E dizeis também: 'Se alguém jurar pelo altar, não é nada, mas se jurar pela oferta que está no altar, fica obrigado'. Cegos, o que é mais, a oferenda ou o altar que santifica a oferenda? Pois, quem jura pelo altar, jura por ele e por tudo o que está sobre o altar. E quem jura pelo Santuário, jura por ele e por quem o habita. E quem jura pelo céu, jura pelo trono de Deus e por aquele que nele está sentado.

Ai de vós, escribas e fariseus hipócritas, que pagais o dízimo da hortelã, da erva-doce e do cominho, mas não vos preocupais com o mais importante da Lei: a justiça, a misericórdia e a fidelidade! É isso o que importa fazer, sem, contudo, omitir aquilo. Guias cegos, que filtrais um mosquito e engolis um camelo!

Ai de vós, escribas e fariseus hipócritas, que por fora limpais o copo e o prato, mas por dentro estais cheios de roubo e cobiça. Fariseu cego, limpa primeiro o copo por dentro, para que fique limpo também por fora.

Ai de vós, escribas e fariseus hipócritas, que sois semelhantes a sepulcros caiados, vistosos por fora mas por dentro cheios de ossos dos mortos e de toda sorte de podridão. Assim também vós, por fora pareceis justos aos outros, mas por dentro estais cheios de hipocrisia e maldade.

Ai de vós, escribas e fariseus hipócritas, que construís os sepulcros dos profetas e enfeitais os monumentos dos justos, e dizeis: 'Se nós tivéssemos vivido no tempo de nossos pais, não teríamos sido cúmplices no sangue dos profetas'. Com isso afirmais que sois filhos dos que mataram os profetas. Acabai, pois, de encher a medida de vossos pais. Serpentes, raça de víboras, como escapareis ao castigo do inferno? É por isso que vos envio profetas, sábios e escribas. Deles matareis e crucificareis alguns, a outros açoitareis nas sinagogas e perseguireis de cidade em cidade. Por isso cairá sobre vós o castigo pelo assassinato de todos os inocentes, desde Abel, o justo, até Zacarias, filho de Baraquias, a quem matastes entre o Santuário e o altar. Eu vos garanto: tudo isto virá sobre esta geração.

Lamento sobre Jerusalém. Jerusalém, Jerusalém! Tu que matas os profetas e apedrejas os que te são enviados! Quantas vezes eu quis reunir teus filhos, como a galinha reúne os pintinhos debaixo das asas, e tu não quiseste! Por isso *vossa casa ficará abandonada*. Eu vos digo: Não me vereis mais até que digais: *Bendito o que vem em nome do Senhor*" (Mt 23,1-38).

Quando leio o capítulo 23 de Mateus, logo me vem à memória aquele que foi professor, confessor, diretor espiritual e, sobretudo, amigo e irmão.

Ler este capítulo é trazer ao coração todas as espécies de contradições que se apossam da alma humana. Aqui, Jesus, com uma ira divina, pontua todas as misérias que entravam o coração humano. Prudente Nery dizia, em suas reflexões, que os homens mais difíceis de serem convertidos somos nós, os religiosos, exatamente porque acabamos por perder o encanto e, muitas vezes, nos sentimos no direito de manipular Deus e, até, o fazemos à nossa imagem e semelhança.

Jesus, no seu discurso, vai pontuando as contradições dos religiosos; sempre é bom lembrar que Ele mesmo, Jesus, fora condenado em um processo religioso, acusado de desonrar o Templo, debochar da lei e perverter o sábado, tudo porque a vida humana sempre fora o mais sagrado para Jesus.

Observem o que ensinam os doutores da lei, mas não façam o que eles fazem; eles tornaram a religião um fardo moral que ninguém consegue carregar e com o qual eles não se importam em nada. Fazem discursos bonitos, se aliam aos poderosos para obterem privilégios, gostam de honra e distinção, são na verdade sepulcros caiados. Só Deus é Mestre e Senhor, só Ele é Pai. Quando vejo atitudes como a de Padre Julio Lancelot e do Papa Francisco, eu me lembro do discurso de Jesus e acendo a esperança em meu coração, pois eles mostram o rosto de Jesus que veio para servir e não para ser servido, eles revelam a face do Mestre que veio curar e salvar o que estava perdido.

Jesus faz uma lista detalhada de todas as hipocrisias que assolam o coração dos líderes religiosos de seu tempo e ouso dizer de todos os tempos e de quase todas as religiões. Corremos o risco, nós religiosos, de perder a sensibilidade diante da vida e da fé dos mais simples, daqueles que são puros de coração e conseguem contemplar Deus, lá onde a nossa arrogância nos impede de ir. Lembro-me aqui de uma belíssima reflexão de Leonardo Boff em seu livro *Brasas sobre cinzas*, no qual ele fala de sua mãe que era analfabeta, mas conseguia ver e falar de um Deus que ele, doutor em teologia, não conseguia falar e nem ver.

Que todas as lideranças religiosas possamos ler neste capítulo 23 de Mateus um convite carinhoso de Jesus à conversão, e deixar que Ele conduza nossas vidas e nos faça verdadeiramente homens e mulheres de Deus.

Há muitos religiosos que compreendem a grandeza do amor de Deus e a delicadeza do Evangelho, eles são sinais de esperança. Lembro de um sacerdote já idoso que não conseguia mais ler o seu breviário[29] e então pediu ao bispo autorização para que pudesse rezar diariamente o santo rosário como preceito de seu ofício de rezar pelo povo. O testemunho deste velho sacerdote me trouxe ao coração uma frase tão preciosa de São João da Cruz: "No entardecer de nossas vidas seremos julgados pelo amor".

Rezemos

Quando chegar àquela hora, o entardecer da minha vida, eu peço apenas que eu seja julgado pelo vosso amor, pois nada mais anseio que viver na tua presença e tenho plena consciência de não ter mérito algum para viver tamanha dádiva, que eu possa ir ao teu encontro amparado pela vossa misericórdia. Amém.

---

29 Livro de oração diária usado por religiosos.

Quinta ponta da estrela: o sermão escatológico[30]

Nos capítulos 24 e 25 do Evangelho de Mateus encontramos um texto de cunho apocalíptico que vai tratar das revelações sobre o fim dos tempos, o sermão escatológico.

O capítulo 24 começa com as pessoas admirando o Templo e Jesus contrapondo a admiração ao que é mais importante. Chegará um tempo em que não haverá mais pedra sobre pedra.

> Jesus saiu do Templo e ia embora, quando os discípulos se aproximaram a fim de chamar-lhe a atenção para as construções do Templo. Ele, porém, lhes disse: "Estais vendo tudo isso? Eu vos garanto que não ficará aqui pedra sobre pedra; tudo será destruído".
> Quando Jesus estava sentado no Monte das Oliveiras, os discípulos chegaram perto dele e perguntaram-lhe em particular: "Dize-nos: quando acontecerá tudo isso? E qual é o sinal de tua vinda e do fim do mundo?"
> Jesus lhes respondeu: "Cuidado para ninguém vos enganar. Porque muitos virão em meu nome e dirão: 'Eu sou o Cristo', e enganarão a muitos. Ouvireis falar de guerras e boatos de guerras, mas não vos perturbeis, porque é preciso que isso aconteça; mas ainda não é o fim. Uma nação se levantará contra outra e um reino contra outro. Haverá fome e terremotos

---

30 Escatologia é a doutrina que trata do destino final do homem e do mundo; pode apresentar-se em discurso profético ou em contexto apocalíptico.

em diversos lugares. Mas tudo isso é o começo dos sofrimentos. Em seguida vos entregarão a torturas e vos matarão, e sereis odiados por todas as nações por causa do meu nome. Muitos perderão a fé, uns trairão os outros e se odiarão. E numerosos falsos profetas surgirão e enganarão a muitos. Por causa da crescente maldade, o amor de muitos esfriará. Mas quem perseverar até o fim será salvo. Este evangelho do Reino será pregado pelo mundo inteiro como testemunho a todas as nações. E então virá o fim (Mt 24,1-14).

A partir do discurso sobre o fim do Templo, o Mestre irá pontuar as tribulações, os desafios que serão impostos a todos aqueles que se fizerem fiel a Ele, mas, ao mesmo tempo, o discurso apocalíptico é, de maneira especial, o discurso da esperança, pois ao fim das tribulações poderemos contemplar a face de Deus, porque não há uma luz no fim do túnel, frase muito usada para alimentar a esperança, mas a esperança maior mostra a luz no meio do túnel, o Deus Conosco, Emanuel, que caminha ao nosso lado nas tribulações, como caminhou com Daniel e seus amigos na fornalha ardente (Dn 3,25), e aqui chegaremos à belíssima expressão do Livro do Apocalipse, Deus será o próprio templo (Ap 21,22), Deus será a própria luz (Ap 22,5).

O discurso continua com o aviso sobre a vigilância pontuado em duas parábolas, as jovens previdentes e as jovens imprevidentes, sendo que umas trazem consigo o óleo para acender a luz no momento em que o noivo chegar, as outras ignoram a importância do óleo; nunca é demais lembrar que o óleo era usado para acender a luz, mas também para derramar a unção, daí se origina o nome Messias em hebraico ou Cristo em grego. Desta forma, a parábola nos aponta para a necessidade de manter acesa em nós a unção de Jesus porque não sabemos a que hora Ele vai chegar, ou mais ainda, perceber que Ele está junto de nós todo o tempo naqueles que mais precisam, como poderemos ver na sequência do texto.

O vigiar de Jesus não é um esperar passivo, mas um esperançar, um processo de construção, bem na perspectiva que a teologia nos ensina "o já e ainda não". Ou seja, o Reino de Deus já está no meio de nós (Lc 17,21), mas ele ainda não é pleno, está em construção em nossas ações quando permitimos que a graça de Deus aja em nós. Dentro desta visão, podemos ler a Parábola dos Talentos.

> Será também como um homem que, tendo de viajar para o exterior, chamou os seus escravos e lhes confiou os bens. A um deu cinco talentos, a outro dois e ao terceiro um, segundo a capacidade de cada um. Depois partiu. Imediatamente, o que recebeu cinco talentos saiu e negociou com eles, ganhando outros cinco. Do mesmo modo, o escravo que recebeu dois talentos ganhou outros dois. Mas o que recebeu um, saiu, cavou um buraco na terra e escondeu o dinheiro de seu senhor. Passado muito tempo, voltou o senhor daqueles escravos e lhes pediu as contas. O que tinha recebido cinco talentos aproximou-se e apresentou outros cinco: "Senhor, disse, confiaste-me cinco talentos; aqui tens outros cinco que ganhei". O senhor disse-lhe: "Muito bem, escravo bom e fiel; foste fiel no pouco, eu te confiarei muito; vem alegrar-te com teu senhor". Chegou o escravo dos dois talentos e disse: "Senhor, dois talentos me deste, aqui tens outros dois que ganhei". O senhor lhe disse: "Muito bem, escravo bom e fiel; foste fiel no pouco, eu te confiarei muito; vem alegrar-te com teu senhor".
> Aproximou-se também o que tinha recebido apenas um talento, e disse: "Senhor, sei que és homem duro, que colhes onde não semeaste e recolhes onde não espalhaste. Por isso tive medo e fui esconder teu talento na terra; aqui tens o que é teu". Respondeu o

senhor: "Escravo mau e preguiçoso, sabias que colho onde não semeei e recolho onde não espalhei. Devias, pois, depositar meu dinheiro num banco para, na volta, eu receber com juros o que é meu. Tirai-lhe o talento e dai-o ao que tem dez. Pois ao que tem muito, mais lhe será dado e ele terá em abundância. Mas ao que não tem, até mesmo o que tem lhe será tirado. Quanto a este escravo inútil, jogai-o lá fora na escuridão. Ali haverá choro e ranger de dentes" (Mt 25,14-30).

O Reino é dom de Deus partilhado conosco. Jesus está voltando para o Pai, Ele entregou a cada um os seus dons de acordo com a capacidade daquele que recebe, isso tem que ficar claro para a nossa compreensão. Temos duas compreensões diversas aqui, os dois servos que saem e imediatamente fazem os talentos darem frutos; veja que os dois produziram 100% de acordo com os dons recebidos, e temos um terceiro que escondeu os talentos. Uma palavra me chama a atenção aqui nesta parábola bem como em outras, o que recebeu um talento não o fez produzir porque tinha medo. Quantas pessoas ainda hoje mantêm uma relação com Deus pautada no medo; se o buscam, fazem-no por medo e não por amor, engessam a relação com o Pai, enterram os dons, não conseguem produzir nada e, diante de qualquer dificuldade, abandonam a fé, por isso, a conclusão do texto: "a quem tem será dado mais e terá em abundância, mas a quem não tem, até mesmo o que tem, será tirado".

Em nossos dias, talvez Jesus pudesse acrescentar um quarto personagem, aqueles que são indiferentes, que não se dão conta do amor de Deus e nem se importam com isso; aqueles que ao final não terão sequer o dom recebido para devolver. É importante que a gente se pergunte, em qual lugar nós estamos dentro desta Parábola dos Talentos?

O sermão escatológico se encerra com aquela que pode ser a chave de leitura para todas as pessoas que buscam a Deus, o lugar onde Ele se encontra dentro da perspectiva de Jesus.

> Quando o Filho do Homem vier em sua glória com todos os seus anjos, então se assentará no seu trono glorioso. Em sua presença, todas as nações se reunirão e Ele vai separar uns dos outros, como o pastor separa as ovelhas dos cabritos. Colocará as ovelhas à sua direita e os cabritos, à esquerda. E o rei dirá aos que estiverem à sua direita: "Vinde, abençoados por meu Pai! Tomai posse do Reino preparado para vós desde a criação do mundo. Porque tive fome e me destes de comer, tive sede e me destes de beber, fui peregrino e me acolhestes, estive nu e me vestistes, enfermo e me visitastes, estava na cadeia e viestes ver-me". E os justos perguntarão: "Senhor, quando foi que te vimos com fome e te alimentamos, com sede e te demos de beber? Quando foi que te vimos peregrino e te acolhemos, nu e te vestimos? Quando foi que te vimos enfermo ou na cadeia e te fomos visitar?" E o rei dirá: "Eu vos garanto: todas as vezes que fizestes isso a um desses meus irmãos menores, a mim o fizestes".
>
> Depois dirá aos da esquerda: "Afastai-vos de mim, malditos, para o fogo eterno, preparado para o diabo e seus anjos. Porque eu tive fome e não me destes de comer, tive sede e não me destes de beber, fui peregrino e não me destes abrigo; estive nu e não me vestistes, enfermo e na cadeia e não me visitastes". E eles perguntarão: "Senhor, quando foi que te vimos faminto ou sedento, peregrino ou enfermo ou na cadeia e não te servimos?" E Ele lhes responderá: "Eu vos garanto: quando deixastes de fazer isso a um desses pequeninos, foi a mim que não o fizestes". E estes irão para o castigo eterno, enquanto os justos, para a vida eterna (Mt 25,31-46).

No capítulo 10 do Evangelho de Lucas, quando o doutor da Lei pergunta a Jesus qual é o endereço do céu, a resposta se dá através de uma história que não deixará dúvidas de como encontrar Deus, pois Ele se revela naquele que está ferido à beira do caminho.

Aqui, concluindo seu sermão escatológico que trata das coisas dos últimos dias, Jesus mostra, mais uma vez, o endereço de Deus. Ele não se encontra nos templos vazios de vida, nem nas pregações perfeitas, nem nas liturgias impecáveis, nem na religião A ou B, nem nas normativas morais e nem nas vestes suntuosas, mas Ele se revela no que tem fome e sede, no estrangeiro ou nu, no doente ou preso.

Conheci uma senhora que não tinha uma religião definida. Ela era bem jovem ainda quando sofreu um incidente, uma bomba de fogos de artifício estourou próximo a ela e fez com que ficasse surda. Pouco tempo depois, fora acometida de um câncer de faringe que a deixou sem olfato e paladar e ela acabou optando por uma vida mais reclusa, cercada de filhos, esposo e netos, um constante tratamento médico em busca de melhores condições. Ela gostava muito de ler os romances e os ensinamentos do kardecismo, de vez em quando frequentava um centro "alternativo", ia à igreja católica, tinha uma devoção especial por São Sebastião e por Nossa Senhora e também tinha muito carinho pelas igrejas neopentecostais. Mas havia algo de especial naquela senhora, o cuidado com os pobres. Era uma mulher de posses, tinha alguns pontos comerciais e um deles era embaixo de sua própria casa, onde funcionava uma pequena mercearia. Certa vez, o proprietário da mercearia disse: "o aluguel do meu ponto comercial era um salário-mínimo, mas eu nunca paguei um aluguel sequer ao longo dos muitos anos que mantive o meu comércio; ao contrário, quando ia acertar o aluguel, era eu que tinha para receber de dois a três salários todos os meses, pois os pobres batiam à porta da proprietária e ela nunca deixou que algum deles fosse embora de mãos vazias, passavam na mercearia e levavam para casa o que precisavam".

Ela fazia enxoval para as gestantes mais pobres e gostava de fazer brinquedos para distribuir às crianças carentes. Quando ela faleceu, no funeral eu li esta passagem do Evangelho de Mateus e falei com os presentes que a religião dela era o cuidado com os pobres e que a gratidão deles a colocou nas mãos do Pai. Jesus encerrou com chave de ouro os seus ensinamentos no Evangelho de Mateus.

Rezemos

Senhor, que a capacidade de te ver naqueles que mais necessitam nunca nos abandone, para que um dia possamos ser acolhidos por todos os Lázaros que habitaram este mundo e viver com eles no festim preparado por Vós, desde a fundação do mundo, para aqueles que são capazes de amar sem reservas. Amém

Jerusalém, que mata seus profetas

Aquele que devolveu a vida a muitos, agora está prestes a morrer. O Evangelho de Mateus nos apresenta um cronograma dos últimos momentos de Jesus. O jantar em Betânia, a unção para o sepultamento, a ceia pascal, a instituição da Eucaristia, a noite da agonia no Getsêmani, a traição de Judas, a prisão, a negação de Pedro, o abandono dos outros apóstolos, o julgamento, a morte.

> Ao terminar todos esses discursos, Jesus disse aos discípulos: "Sabeis que dentro de dois dias será a Festa da Páscoa, e o Filho do Homem será entregue para ser crucificado".
>
> Nessa ocasião, os sumos sacerdotes e os anciãos do povo reuniram-se no palácio do sumo sacerdote, chamado Caifás, e resolveram prender Jesus à traição, para matá-lo. Diziam, no entanto: "Não seja durante a festa, para não haver tumulto entre o povo".
>
> Quando Jesus estava em Betânia, na casa de Simão, o leproso, uma mulher chegou perto dele com um vaso feito de alabastro, cheio de precioso perfume e derramou-lhe sobre a cabeça enquanto Ele estava à mesa. Vendo isso, os discípulos disseram indignados: "Para que tanto desperdício? Este perfume poderia ser vendido por bom preço, e o dinheiro distribuído aos pobres". Ao ouvir isso, Jesus lhes disse: "Por que incomodais esta mulher? Ela me fez uma boa ação. Porque pobres sempre os tendes convosco, a mim, porém, nem sempre me tendes. Ao derramar este perfume no meu corpo, ela me ungiu para a

sepultura. Eu vos garanto que, em qualquer parte do mundo onde este evangelho for anunciado, será também contado, em sua memória, o que ela fez" (Mt 26,1-13).

Há uma deliberação dos religiosos para condenarem Jesus à morte; note-se bem, deliberação dos religiosos. Durante o jantar em Betânia há um rito de unção de um homem condenado à sepultura e, ao mesmo tempo, uma hipocrisia dos discípulos de Jesus que não conseguem perceber a importância do momento e a delicadeza daquela mulher. Um risco que sempre corremos, de não prestarmos a verdadeira reverência às vidas que nos cercam e aos instantes que nos tomam. Jesus diz somente uma expressão do Livro do Deuteronômio (15,11): "sempre haverá pobres no meio de vós", e embora Jesus não conclua a expressão do livro do Antigo Testamento, fica claro que os discípulos devem completá-la: "é por isso que eu vos ordeno: abre mão em favor do teu irmão, do teu humilde e do teu pobre em tua terra". Portanto, ao dizer "pobres sempre tereis convosco", Jesus cala a hipocrisia dos discípulos e convida todos os homens e mulheres de todos os tempos para cumprir a ordem de Deuteronômio.

Um traiu, o outro negou, os demais fugiram. Os evangelistas não tiveram receios de mostrar a fragilidade dos discípulos de Jesus, os da primeira hora e todos os outros ao longo da história. Não há vergonha da fragilidade, mas na prepotência e arrogância; não há vergonha nos erros, mas na não vontade de acertar e reconhecer a graça de Deus que vem ao nosso encontro setenta vezes sete.

No Jardim, Jesus sofreu toda a dor humana, do medo, da solidão e do pavor, uma agonia verdadeira, um sofrimento na alma tão profundo que, segundo Lucas, Jesus suou sangue (Lc 22,44).

Quando um dos companheiros de Jesus atentou contra a vida de um soldado, o Mestre deixou claro que o projeto de Deus não passa pela violência da espada; embora muitas vezes ao longo dos séculos o nome de Deus tenha sido invocado nas guerras, parece-nos claro que o projeto de Jesus não era esse, mas aquele que anseia que "todos tenham vida e a tenham em plenitude" (Jo 10,10), ou ainda aquele projeto sancionado em Lc 4,14-21, no qual os cegos veem, os oprimidos são libertos, os pobres recebem a Boa-nova e o ano do grande perdão é anunciado.

Jesus padeceu um julgamento, houve acusações, testemunhas e uma sentença.

> Os que prenderam Jesus levaram-no a Caifás, o sumo sacerdote, onde os escribas e anciãos se haviam reunido. Pedro o seguiu de longe até o pátio do sumo sacerdote. Entrou ali e sentou-se junto com os guardas para ver como ia terminar. Os sumos sacerdotes e todo o Sinédrio procuravam falsos testemunhos contra Jesus para condená-lo à morte. Mas não os encontraram, embora muitas testemunhas falsas se tivessem apresentado. Finalmente apresentaram-se duas testemunhas que disseram: "Este homem falou: 'Posso destruir o Santuário de Deus e em três dias reconstruí-lo'". Então o sumo sacerdote levantou-se e perguntou: "Nada respondes ao que estes depõem contra ti?" Jesus, porém, permanecia calado. O sumo sacerdote lhe disse: "Conjuro-te pelo Deus vivo: dize-nos se tu és o Cristo, o Filho de Deus". Jesus respondeu-lhe: "Tu o disseste. Entretanto eu vos digo: "Um dia vereis *o Filho do Homem sentado à direita do Todo-poderoso, vindo sobre as nuvens do céu*'". Então o sumo sacerdote rasgou as vestes e disse: "Blasfemou! Que necessidade temos de mais testemunhas? Acabais de ouvir a blasfêmia. O que vos parece?" Eles responderam: "É réu de morte" (Mt 26,57-66).

Jesus havia convidado os homens e as mulheres a uma nova compreensão na relação com Deus, havia ensinado que a vida é o bem maior e que todos os homens e mulheres devem se sentir acolhidos no amor de Deus. Ele convidou a todos para uma nova compreensão da lei, numa perspectiva muito mais ampla, a ponto de descer da montanha e tocar o leproso *impuro* porque a vida daquele que estava marginalizado era o bem mais precioso para a lei. Ele convidou os homens e mulheres a pensar no grande Templo da vida; sem menosprezar o templo de pedra, fez com que seus seguidores percebessem qual o templo mais importante. Os ensinamentos do Mestre eram perigosos demais para os que detinham o poder religioso; vejo isso hoje, claramente, quando o Papa Francisco é perseguido e caluniado por tantos religiosos. Ele, da mesma forma que Jesus, se atreveu a colocar a vida em primeiro lugar, principalmente a vida daqueles que são os últimos aos olhos do sistema. Os religiosos condenaram Jesus à morte.

> Por ocasião da Festa da Páscoa, o governador costumava libertar um preso, a pedido do povo. Havia então um preso famoso, chamado Barrabás. Estando, pois, reunidos, Pilatos disse-lhes: "Quem quereis que vos solte: Barrabás ou Jesus, chamado Cristo?" Pois bem sabia que o haviam entregue por inveja.
>
> Enquanto Pilatos estava sentado no tribunal, sua mulher mandou dizer-lhe: "Não te comprometas com este justo, pois sofri muito hoje em sonhos por causa dele".
>
> Mas os sumos sacerdotes e os anciãos convenceram a multidão que pedisse Barrabás e fizesse morrer Jesus. Retomando a palavra, o governador perguntou: "Qual dos dois quereis que vos solte?" Eles responderam: "Barrabás!" Pilatos disse: "Mas, o que farei com Jesus, chamado Cristo?" Todos disseram: "Seja crucificado!" O governador insistiu: "Que mal fez Ele?"

> Eles, porém, gritavam ainda mais: "Seja crucifica-do!" Ao ver que nada conseguia, e o tumulto crescia cada vez mais, Pilatos mandou trazer água, lavou as mãos e disse: "Sou inocente do sangue deste justo; o problema é vosso". E todo o povo respondeu: "O sangue dele caia sobre nós e sobre nossos filhos". Então soltou-lhes Barrabás. Quanto a Jesus, depois de tê-lo mandado açoitar, entregou-o para ser cruci-ficado (Mt 27,15-26).

Os quatro evangelhos mostram que Jesus morreu no lu-gar de Barrabás, também mostram que Barrabás era um malfeitor. Assim, eles mostram de maneira clara que Jesus morreu no lugar de Adão, no lugar de todos os homens, por-que todos os homens e mulheres somos, de alguma forma, malfeitores; todos nós fazemos muitas vezes o mal que não queremos e não conseguimos fazer o bem que desejamos (Rm 7,15), pois o nome Barrabás (*Bar* = filho + *aba* = pai) significa o filho do pai, ou seja, o meu irmão.

> Mas Jesus deu de novo um forte grito e expirou. No mesmo instante a cortina do Santuário rasgou-se de alto a baixo, em duas partes, a terra tremeu e fen-deram-se as rochas. Os túmulos se abriram e muitos corpos de santos ressuscitaram. Eles saíram dos tú-mulos depois da ressurreição de Jesus, entraram na Cidade Santa e apareceram a muitos. Ao verem o terremoto e tudo quanto acontecera, o oficial roma-no e os que com ele guardavam Jesus ficaram com muito medo e diziam: "Verdadeiramente, este era Fi-lho de Deus" (Mt 27,50-54).

O véu do Templo se rasgou, o muro da separação foi quebrado, não há mais distinção entre profano e sagrado, tudo foi restaurado – A palavra cruz na língua grega *Stauros* (poste que fica de pé) está na raiz da palavra restaurar, co-locar de pé novamente. A cruz redentora de Jesus restaura o homem decaído pelo pecado.

O véu do pecado, aquele que cobriu Adão e Eva (Gn 3,7) foi rasgado, o homem e a mulher não precisam mais se esconder de Deus. Agora todos podem atestar que Jesus é verdadeiramente o Filho de Deus.

Rezemos

Deus de amor e bondade, que deixaste seu filho Jesus rasgar de amor o coração na cruz e rasgar ainda todos os véus de separação, ajude-nos a acolher a tua graça, a viver a tua intimidade e a alargar o nosso coração em direção a todos os irmãos e irmãs porque em nós habita o pecado de Adão e o malfazer de Barrabás, mas para além de todas as misérias somos filhos e filhas do seu imenso amor. Amém

O oitavo dia – o fazer novas todas as coisas

Os quatro evangelhos terminam com uma mensagem magnífica para todos os homens e mulheres, *a morte não tem a última palavra*. Se Deus criou todas as coisas e no sétimo dia descansou, como nos ensina o poema sagrado judeu-cristão da criação, a verdade da fé cristã nos revela que, no oitavo dia, Jesus inaugurou novas todas as coisas, a vida venceu a morte, e todas as mortes; o amor de Deus tem a última palavra, a vida não terminou naquela terrível cruz.

> Passado o sábado, ao amanhecer do primeiro dia da semana, Maria Madalena e a outra Maria foram ver o sepulcro. Subitamente houve um grande terremoto, pois um anjo do Senhor desceu do céu, aproximou-se, rolou a pedra do sepulcro e sentou-se nela. O seu aspecto era como o de um relâmpago e sua veste, branca como a neve. Paralisados de medo, os guardas ficaram como mortos. O anjo, dirigindo-se às mulheres, disse: "Não tenhais medo. Sei que procurais Jesus, o crucificado. Ele não está aqui! Ressuscitou conforme tinha dito. Vinde ver o lugar onde estava. Ide logo dizer a seus discípulos que Ele ressuscitou dos mortos e que vai à frente de vós para a Galileia. Lá o vereis. Eis o que eu tinha a dizer".
> Afastando-se logo do túmulo, cheias de temor e grande alegria, correram para dar a notícia aos discípulos. De repente, Jesus saiu ao encontro delas e disse-lhes: "Salve!" Elas se aproximaram, abraçaram-

-lhe os pés e se prostraram diante dele. Disse-lhes então Jesus: "Não tenhais medo! Ide dizer a meus irmãos que se dirijam à Galileia e lá me verão" (Mt 28,1-10).

Os evangelhos também nos mostram a clareza da fé de Maria Madalena. A Igreja tem uma dívida impagável à memória desta mulher[31], pois tem ensinado, na tradição menor, que Maria Madalena teria sido uma prostituta, algo que jamais foi mencionado nos evangelhos. O nome dela já diz muita coisa, Mirian (*Mry Ian* = Amada de Deus, e *Magdala* = guarda da torre), torre de onde os guardas ficavam vigiando a cidade. Assim, podemos dizer que Maria Madalena é amada de Deus e a guardiã da nossa fé, aquela que vai ao túmulo de madrugada para guardar o Senhor e se torna a primeira testemunha da ressurreição e a apóstola dos apóstolos[32]; aquela que vai anunciar aos onze que o Senhor ressuscitou e os precede na Galileia. Os evangelhos canônicos citam Maria Madalena 17 vezes e, em todos eles, ressaltam a importância desta mulher[33].

---

31 Entre os muitos equívocos com relação à memória de Maria Madalena, o maior é com certeza aquele cometido pelo Papa Gregório Magno na, Catedral de Milão, na sua homilia de número de 33, no ano de 591. Ao ler Lc 7,36-50, que fala de uma prostituta que unge os pés de Jesus, o papa interpretou nesta mulher a Madalena e ela passou a ser o que nunca foi, prostituta; e, a partir de então, ficou na tradição menor a santa prostituta.

32 Este título de apóstola dos apóstolos foi dado a Madalena pelo teólogo Hipólito de Roma entre os anos 178 e 236 e retomado pelo também teólogo Santo Tomás de Aquino, no século XIII. Por desejo do Papa Francisco, a memória litúrgica de Maria Madalena passou a ser festa, a partir do dia 22 de julho de 2016, para ressaltar a importância dessa discípula fiel a Cristo, que demonstrou grande amor por Ele e Ele por ela [Disponível em https://www.vaticannews.va/pt/santo-do-dia/07/22/s--maria-madalena-discipula-do-senhor.html – Acesso em 02/12/2020].

33 Cf. https://www.youtube.com/watch?v=Z-XW9I2r6lE&t=45s [acesso em 02/12/2020].

Depois do anúncio de Madalena aos onze, eles foram para a Galileia, retomar o início da caminhada.

> Os onze discípulos foram para a Galileia, ao monte que Jesus lhes tinha indicado. Logo que o viram prostraram-se; alguns, porém, duvidaram. Então Jesus se aproximou e lhes disse: "Toda a autoridade me foi dada no céu e na terra. Ide, pois, fazei discípulos meus todos os povos, batizando-os em nome do Pai e do Filho e do Espírito Santo, ensinando-os a observar tudo quanto vos mandei. Eis que eu estou convosco, todos os dias, até o fim do mundo" (Mt 28,16-20).

Muito importante pensarmos no oitavo dia. Santa Clara ensinava às suas irmãs que era preciso voltar sempre ao ponto de partida para ali encontrar o sentido da vida. Jesus não foi diferente; após a ressurreição enviou seus discípulos à Galileia, lá onde tudo tinha começado, lá onde às margens do mar jardim Ele chamou homens e mulheres para o discipulado e ensinou a cada um deles e delas a força do Reino dos Céus que, embora pequeno e frágil como um grão de mostarda, tem uma força infinita, capaz de se tornar uma árvore frondosa e de acolher a todos no seu regaço, dando a todos um sentido verdadeiro para a vida.

A Galileia é o ordinário da nossa vida, seja em casa com a família, ou no ambiente de trabalho com os amigos e amigas, pois onde dois ou mais partilham a fé, ali Deus se faz presente. É na nossa Galileia que Jesus caminha e faz o caminho conosco.

No início do Evangelho de Mateus, na gruta fria de Belém, os magos se prostram em adoração a Jesus, mostrando que Ele é Deus verdadeiro e agora, no final do evangelho, são os apóstolos que se prostram diante dele e o adoram. E Jesus os envia por um novo caminho, da mesma forma que os magos voltaram por outro caminho depois de adorarem o Mestre. Ide por todo o mundo e pregai o evangelho e ensinai a todos aquilo que vos ensinei e batizando-os em nome do Pai, e do Filho e do Espírito Santo, e eu estarei convosco todos os dias até o fim do mundo.

Como começou o evangelho, Mateus o encerrou. Emanuel, Deus Conosco nos braços de Maria e José que ensinou os magos a voltarem por outro caminho, agora envia os seus discípulos também a seguirem por outro caminho, na verdade Ele é o CAMINHO, a Verdade e a Vida (Jo 14,6). E Ele, Deus Conosco, estará presente em nossas vidas todos os dias até o fim do mundo.

Rezemos

Caminha conosco Emanuel, faz conosco o caminho, no ordinário de nossas vidas, no processo bonito de ganhar e partilhar o pão, de ganhar e partilhar o amor. Percorre a nossa Galileia tão cheia de esperança para que nós possamos adorá-lo e viver o teu reino que já está presente no meio de nós. Amém.

Pablo Neruda falando do seu desejo pela pessoa amada escreveu um dos mais belos poemas que eu conheço. Pensando nas cinco pontas da estrela de Mateus, eu me recordo dos cinco desejos do poeta que começa pelo amor sem fim e vai decifrando cada uma das estações com suas características peculiares. Assim pontua o outono, o inverno, e o verão; contudo, o poeta troca a primavera pelo olhar cheio de amor: "Abro mão da primavera para que continues me olhando". Penso no olhar de Deus, penso no jardim e Deus passeando ao entardecer para se encontrar com Adão e Eva, Deus passeando em nossas vidas.

E dentro desta perspectiva do poeta Neruda, eu também quero manifestar o meu desejo para mim e para você que fez comigo a viagem de Mateus.

Eu desejo que o grande sonho do evangelista se cumpra em nós, a certeza de que Jesus é o Emanuel, Deus Conosco, e que Ele estará sempre no ordinário de nossas vidas todos os dias até o fim do mundo.

Que as cinco pontas da estrela possam nortear nossas vidas com esta convicção. Ele é Deus Conosco, nos convida, nos ensina, nos envia, orienta a nossa comunidade, vive conosco na Galileia que é a nossa vida e um dia estará de braços abertos para nos acolher e para colher os frutos que o amor produziu em nós.

DEUS AMA VOCÊ, DEUS AMA EM VOCÊ

Envelheci sem nunca perder o desejo
Habitou sempre em mim o cansaço
O cansaço sublime de querer o amor
Amo infinitamente o simples finito
Amo desesperadamente a esperança
Nunca perdi meus sonhos para o medo
Dou-me por inteiro na justa medida de cada coisa
E quanto mais mergulhei à minha procura
Mas encontrei o amor, como se meu ser
Fosse apenas um espelho cristalino
Polido, ainda que ferido, em cada batalha
E quando o amor me mandou mergulhar
Ele percebeu que tudo em mim era Ele
Todo o meu SER é transparência do AMADO

CULTURAL

Administração
Antropologia
Biografias
Comunicação
Dinâmicas e Jogos
Ecologia e Meio Ambiente
Educação e Pedagogia
Filosofia
História
Letras e Literatura
Obras de referência
Política
Psicologia
Saúde e Nutrição
Serviço Social e Trabalho
Sociologia

CATEQUÉTICO PASTORAL

Catequese
Geral
Crisma
Primeira Eucaristia

Pastoral
Geral
Sacramental
Familiar
Social
Ensino Religioso Escolar

TEOLÓGICO ESPIRITUAL

Biografias
Devocionários
Espiritualidade e Mística
Espiritualidade Mariana
Franciscanismo
Autoconhecimento
Liturgia
Obras de referência
Sagrada Escritura e Livros Apócrifos

Teologia
Bíblica
Histórica
Prática
Sistemática

REVISTAS

Concilium
Estudos Bíblicos
Grande Sinal
REB (Revista Eclesiástica Brasileira)

VOZES NOBILIS

Uma linha editorial especial, com importantes autores, alto valor agregado e qualidade superior.

VOZES DE BOLSO

Obras clássicas de Ciências Humanas em formato de bolso.

PRODUTOS SAZONAIS

Folhinha do Sagrado Coração de Jesus
Calendário de mesa do Sagrado Coração de Jesus
Almanaque Santo Antônio
Agendinha
Diário Vozes
Meditações para o dia a dia
Encontro diário com Deus
Guia Litúrgico

CADASTRE-SE
www.vozes.com.br

EDITORA VOZES LTDA.
Rua Frei Luís, 100 – Centro – Cep 25689-900 – Petrópolis, RJ
Tel.: (24) 2233-9000 – Fax: (24) 2231-4676 – E-mail: vendas@vozes.com.br

UNIDADES NO BRASIL: Belo Horizonte, MG – Brasília, DF – Campinas, SP – Cuiabá, MT
Curitiba, PR – Fortaleza, CE – Juiz de Fora, MG – Petrópolis, RJ – Recife, PE – São Paulo, SP